W0369986

# ABOUT A BOY

**Teacher's Guide**
**Unterrichtshinweise und Kopiervorlagen**

**Silke Horst**
**Nina Schwarz**

**Ernst Klett Verlag**
**Stuttgart Düsseldorf Leipzig**

# Inhalt



1. Auflage 1 5 4 3 | 2007 06 05

Alle Drucke dieser Auflage sind untereinander unverändert.
Die letzte Zahl bezeichnet das Jahr dieses Druckes.
© Ernst Klett Verlag, Stuttgart 2003. Alle Rechte vorbehalten.
Internetadresse: www.klett-verlag.de

Redaktion: Dr. Hartmut K. Selke

Umschlag: Nikolaus Keller und Christian Dekelver (Abbildung)
Fotos: Silke Horst mit Schülerinnen und Schülern des Goethe-Gymnasiums, Ludwigsburg
Druck: Gutmann & Co. GmbH, Talheim
Printed in Germany.
ISBN 3-12-573834-2

# Vorbemerkungen

“You didn’t have to have a life of your own any more; you could just peek over the fence at other people‘s lives, as lived in newspapers and EastEnders and films […]” (S. 6f.) – auf den ersten Blick wirkt Nick Hornbys Roman *About a Boy* wie eine triviale, vielleicht witzige und unterhaltsame Seifenoper mit einfacher Handlung und stereotypen Charakteren. Auch die Starbesetzung im Film durch den aus Hollywood-Filmen bekannten Schauspieler Hugh Grant weist nicht gerade auf eine tiefsinnige Geschichte hin.
Oberflächlicher, moderner Londoner Lifestyle gepaart mit depressivem Ökowahn für den Englischunterricht?
Die Unterrichtspraxis zeigt, dass ein „Blick über den Zaun“ auf das Leben von Will und Marcus den Schülerinnen und Schülern durchaus die Vielschichtigkeit dieses Romans eröffnen kann und sie vielleicht sogar – mit Hilfe von kreativen, offenen Unterrichtsformen – dabei lernen, über ihren eigenen „Zaun“ hinauszublicken.
Durch die Sprache Hornbys, einer Mischung aus ironisch-derber und anspruchsvoller, sogar kunstvoller Ausdrucksfähigkeit, erfahren sie zwei wichtige Aspekte des Fremdsprachenunterrichts: Zum einen lernen sie auf authentische Weise sehr humorvolle und schlagfertige britische Formulierungen kennen, zum anderen gewinnen sie einen Einblick in einen Text, der viele literarische Motive beinhaltet und zudem aufgrund seiner dualen Erzählsituation als Beispiel für den postmodernen Roman angesehen werden kann.
Diese Doppelperspektive eröffnet den Lesenden – und besonders Schülerinnen und Schülern, die sich in ihrer Lebensphase genau zwischen den beiden Protagonisten befinden – einen spannenden Einblick in zwei sehr gegensätzliche Situationen. Sie können Pubertätsprobleme mit Marcus nachempfinden und dabei gleichzeitig mit Will in die konsumorientierte Welt eines „angesagten“ und modernen Erwachsenen eintauchen, wobei dieser „peek over the fence“ im Idealfall zu einer kritischen Auseinandersetzung mit den unterschiedlichen im Roman gegenübergestellten Lebenskonzepten führt.
Auch ermöglichen die vielen zeitgenössischen Probleme in *About a Boy* – die Situation alleinerziehender Mütter, Patchwork-Familien, Mobbing in der Schule und der Zwang der Gesellschaft, dem „Mainstream“ folgen zu müssen – viele verschiedene Identifikationsmöglichkeiten und somit einen interessanten, motivierten Englischunterricht.

Die Lektüre eignet sich ab Klasse 11. Der hier vorgestellten Unterrichtseinheit muss, um einen umfassenderen und ganzheitlichen Unterrichtszugang zu ermöglichen, die eigenständige Lektüre des Romans vorausgehen, die den Schülerinnen und Schülern durch die in der Klett-Ausgabe enthaltenen Wortangaben erleichtert wird.
Das vorliegende Unterrichtskonzept orientiert sich neben dem nicht wegzudenkenden klassisch-analytischen Umgang mit Texten vor allem an neueren didaktischen Modellen (vgl. Daniela Caspari, „Übersicht über kreative Umgangsformen mit literarischen Texten,“ *Der Fremdsprachliche Unterricht Englisch* 3/1997, S. 44f. und Helmut Reisener, „Vom Umgang mit Texten“, in: *Der Fremdsprachliche Unterricht* 3/1994, S. 4–13) in denen der Literaturunterricht von kreativen und offenen Formen geprägt ist. Somit soll diese Unterrichtseinheit also auch dazu animieren, das Hornbysche Bild vom „peek over the fence“ auf methodisch-didaktische Verfahren zu übertragen und den Zaun des althergebrachten Englischunterrichts zu übersteigen.

# Beschreibung der Unterrichtseinheit

## Stunde 1 und 2: Einstieg

Bevor die S mit der Lektüre der ersten Kapitel beginnen oder den *Roman* ausgehändigt bekommen, wird im Unterrichtsgespräch (fortan nur noch UG genannt) erörtert, was die Besonderheiten der ersten Kapitel eines Romans sind.
Der eigentliche Einstieg in den Roman erfolgt in Form einer arbeitsteiligen Gruppenarbeit, in welcher die S die ersten beiden Kapitel des Romans bearbeiten, um die Hauptcharaktere des Romans (Will, Markus und Fiona) kennen zu lernen.
Je nach Größe des Kurses beschäftigen sich zwei bis vier Gruppen jeweils mit dem ersten *oder* dem zweitem Kapitel. Die Gruppen haben die Aufgabe, im Anschluss an die Lektüre des jeweiligen Kapitels ein bzw. zwei oder drei Felder der entsprechenden Kopiervorlage (siehe copymasters No. 1 & 2) auszufüllen.
Um etwaige Unklarheiten über die Aufgabenverteilung zu vermeiden, bietet es sich an, dass man den Gruppen ihre zu bearbeitenden Felder mit einem Textmarker farbig hervorhebt.
Die Entscheidung über die Gruppenanzahl und -größe sollte in Abhängigkeit der Kursgröße getroffen werden.
Da das Lesen und die Bearbeitung der Kopiervorlagen ca. 20–30 Minuten beansprucht, sollte in der ersten Stunde vor allem darauf geachtet werden, dass die S sich an den Stil und die Benutzung der Romanausgabe (*annotations*, etc.) gewöhnen. Gleichzeitig können schon die Kopiervorlagen an alle S ausgehändigt werden.
Die Ergebnissicherung kann sowohl an der Tafel als auch am OHP erfolgen (dazu können die Kopiervorlagen einfach auf Folie kopiert und auseinander geschnitten werden). Eine Sicherung in Form von Plakaten, die während der Unterrichtseinheit im Klassenzimmer hängen bleiben, ist ebenfalls denkbar.
In jedem Fall, sollten nach der Präsentationsphase alle S beide Kopiervorlagen vollständig für ihre eigenen Unterlagen und für die folgende eigenständige Lektüre zur Hand haben.
Im restlichen Teil der Stunde kann über den Fortgang der Geschichte und die ersten Eindrücke und Erwartungen spekuliert und diskutiert werden und/oder falls vorhanden die Präsentation der behandelten ersten zwei Kapitel über den Tonträger (*About A Boy / Audiobook* – read by Michael Collins; bei Klett erhältlich, ISBN 3-12-573833-4) erfolgen oder das jeweils noch nicht gelesene Kapitel gelesen werden.
Für die Lektüre des gesamten Romans empfehlen wir, den S anstelle eines besonderen Leseauftrags (der sich oftmals ganz leicht von Mitschülerinnen und Mitschülern kopieren lässt), schon jetzt mitzuteilen, dass es einen *Reading Comprehension* Test geben wird, den sie nicht mit Hilfe einer vorgefundenen Zusammenfassung bestehen können, weil er sich auf Details des Romans bezieht.

## Stunde 3: First Impressions – Clustering

In der ersten Stunde nach abgeschlossener Lektüre sollen die S zum einen ihre ersten Leseeindrücke äußern können, zum anderen aber auch durch das gemeinsame Erstellen eines Clustering herausarbeiten, welche Aspekte sie für die anstehende Unterrichtseinheit für untersuchenswert und interessant halten.
Zunächst sollen dazu die allgemeinen Eindrücke und Reaktionen auf den Roman gesammelt und geordnet werden. Alle S bekommen zwei Din A 5 Zettel und sollen darauf jeweils einen Aspekt festhalten, der ihnen beim Lesen des Romans besonders aufgefallen ist bzw. sie amüsiert oder verwundert hat. Diese Eindrücke (zwei pro S) werden von den S an der Tafel mit Magneten oder Klebeband willkürlich befestigt. Anschließend werden die S-Eindrücke im UG vorgestellt und gemeinsam sortiert (doppelt genannte bzw. zu alberne und unbrauchbare Kommentare sollten an dieser Stelle selbstverständlich ausgemustert werden). Es bietet sich an, die Tafel in eine positive und eine negative Seite zu unterteilen (ganz links = positiv). Schließlich werden Zettel, die *worth discussing* bzw. *confusing* sind, auf die äußeren Tafelflächen geklebt.

Dieses UG ist insofern interessant für L, da man recht gut erkennen kann, wie die S die unterschiedlichen Themen des Romans wahrnehmen und beurteilen. Die Auswahl der folgenden Stundenschwerpunkte sollte sich im Idealfall auch daran orientieren.
Darüber hinaus kann L in diesem UG sicherlich grob erkennen, wie sorgfältig und pflichtbewusst die S den Roman gelesen haben. Die Praxis zeigt jedoch, dass die Ankündigung einer schriftlichen Inhaltsüberprüfung oft mehr Einfluss auf die Lesedisziplin der S hat als eine bloße Ermahnung.
Zwei Beispiele für Überprüfungstests sind angefügt. Die Fragen werden absichtlich recht präzise und detailliert gestellt, um zu vermeiden, dass die S lediglich mit einer Zusammenfassung bestehen können. Um einer Demotivierung oder gar Missstimmung entgegenzuwirken, empfiehlt es sich, den Test frühestens gegen Ende der ersten, besser jedoch erst zu Beginn der nächsten oder übernächsten Stunde durchzuführen (siehe copymasters 3 & 4 Tests und Lösungsblätter).

## Stunde 4 und 5: Charakterisierung Will Freeman

Im Mittelpunkt dieser beiden Stunden soll die besonders ansprechende, da außergewöhnliche Figur Will Freeman genauer untersucht werden.
Der Einstieg könnte über ein Foto von Hugh Grant in der Rolle von Will erfolgen. Da die nun folgende Diskussion um die Wahl Grants als Besetzung für Will Freeman zeigt, dass die S bereits eine gewisse oder auch genaue Vorstellung von Wills Charakter haben (eine Mehrzahl der S wird den Film bereits gesehen haben), schließt sich hier lückenlos die weitere Behandlung des Protagonisten an.
An jedes Paar wird ein „Zitatepäckchen“ ausgeteilt mit der Aufforderung, die Zitate in eine sinnvolle (nicht zwingend chronologische) Ordnung zu bringen. Hierzu müssen die Zitate der Kopiervorlage No. 5 (die Zitate ohne Seitenangabe!) kopiert und zerschnitten werden.

Nach dieser handlungsorientierten Auseinandersetzung mit der Figur beschreiben die S nacheinander ihre Vorgehensweisen und Auswahlkriterien. Da viele S vermutlich eine chronologische Zuordnung versuchen, schließt sich eine Betrachtung von Wills Charakter im Vergleich zwischen Anfang und Ende des Romans logisch an. Hierzu kann copymaster No. 6 – die Zitate mit Seitenangabe – benutzt werden. Diese Gegenüberstellung kann sowohl an der Tafel als auch am OHP (siehe copymaster No. 7 obere Hälfte) erfolgen. Sie kann auch nur aus Zitaten bestehen – hierzu sollte dann die Kopiervorlage Nr. 6 ausgeteilt werden, damit die Seitenzahlen vermerkt werden können.
Als Hausaufgabe erfolgt die kreative Schreibaufgabe, ein psychologisches Gutachten über Will Freeman zu erstellen (s. OHP-Vorlage, copymaster No. 7). Wichtig ist hierbei der Hinweis an die S, auf eine angemessene Sprachebene zu achten und die Ich-Perspektive des Psychologen einzunehmen.

In der zweiten Stunde zur Figur Will Freemans bietet sich als Einstieg die Präsentation einer kurzen Folge der TV Soap *EastEnders* an; falls man keine solche zur Hand hat, kann auch eine ähnliche britische Serie gezeigt werden.
Der Videoausschnitt soll unter der Aufgabenstellung, die zentralen Themen, Aspekte und Probleme der Episode zu sammeln, betrachtet werden, wobei die S schon während des Anschauens Notizen machen sollen.
Im Anschluss an den Vergleich der Ergebnisse fügt sich die Frage an, warum Will regelmäßig und offensichtlich gerne diese Serie(n) schaut. In diesem UG soll herausgearbeitet werden, inwiefern das Fernsehen für Will Freeman einen Ersatz für sein belangloses, monotones Leben darstellt. Diese Ergebnisse werden an der Tafel festgehalten, wobei auch die Zitate aus der vorangegangenen Stunde mit einbezogen werden können. In diese Betrachtung reiht sich schließlich die Überprüfung der Hausaufgaben ein, welche die S ggf. nach dem UG auch noch einmal kurz überarbeiten oder ergänzen können.

## Stunde 6: Charakterisierung des Marcus

In dieser und der folgenden Stunde stehen der zweite Protagonist Marcus und dessen Mutter im Mittelpunkt.
Als Überleitung von den vorangegangenen zur heutigen Stunde sollen an der Tafel Eigenschaften gesammelt werden, die einen „coolen“ Menschen ausmachen. Die S dürfen hierbei frei und ohne besonderes Aufrufen an die Tafel gehen und in Form einer Mindmap die Aspekte aufschreiben, die ihnen in den Sinn kommen.
Die entstandene Mindmap wird besprochen und gemeinsam bearbeitet, indem alle auf Will Freeman zutreffenden Punkte mit roter Kreide umrandet werden, diejenigen, die Marcus beschreiben, mit grüner Kreide. Dieser Versuch soll nochmals verdeutlichen, wie außergewöhnlich „uncool“ Marcus ist, aber andererseits auch, dass sein eigenständiger Stil und sein reifer Umgang mit seiner Lebenssituation als selbstbewusstes und auf seine Art „cooles“ Verhalten beurteilt werden könnten.
Im Anschluss soll der Frage nachgegangen werden, warum Marcus so seltsam und anders ist als andere Jugendliche seines Alters bzw. zunächst, was ihn so „uncool“ macht. In der Analyse der Textpassage S. 11–14 sollen die S in Stillarbeit (möglicherweise auch in PA) nach Beispielen und Gründen für Marcus' Eigentümlichkeit suchen. Die Ergebnisse werden an der Tafel festgehalten (erwartete Ergebnisse siehe tabellarische Übersicht, rechte Spalte). Da als Ursache für Marcus' Eigenarten im Text ganz deutlich der Einfluss der Mutter genannt wird (S. 13 unten), sollen die S als Hausaufgabe Fionas positive und negative Eigenschaften tabellarisch gegenüberstellen und ausarbeiten, wie sich Fiona ihrem Sohn gegenüber besser oder anders verhalten sollte.

## Stunde 7 und 8: Fiona / single mothers (Sorgerechtsstreit: Rollenspiel; alleinerziehende Mütter heute)

Für die Charakterisierung Fionas (durch die Hausaufgabe der letzten Stunde bereits vorbereitet) wird der handlungsorientierte Zugang des Rollenspiels gewählt. Hierzu führen die S in der Rolle der betroffenen Romanfiguren eine gerichtsähnliche Streitdiskussion um das Sorgerecht für Marcus durch (siehe copymaster No. 8). Zunächst werden die Rollen verteilt, wobei die S jeweils eine Namenskarte erhalten. Damit alle S mit einbezogen werden können, gibt es zu jeder Figur (Fiona, Clive, Marcus) zusätzliche Beraterfiguren (*coaches*) und weitere Charaktere, die in dem Streitgespräch für die eine oder andere Seite Partei ergreifen können (Will, Fionas Vater, Clives Mutter, einige Sozialarbeiter, Suzie, Clives Bruder, etc.). Unter der Fragestellung, ob Fiona nach ihrem Selbstmordversuch noch in der Lage ist, sich angemessen um die Erziehung ihres Sohnes Marcus zu kümmern, überlegen sich die S in einer kurzen Einarbeitungsphase überzeugende Argumente für ihre jeweilige Position – auf der Rückseite ihrer mit Namen versehenen Rollenkarten, die später als Tischkarten verwendet werden können, machen sie sich hierzu Notizen.
Die *social workers* eröffnen und lenken die Diskussion und lassen die gegenüberstehenden Parteien abwechselnd zu Wort kommen – bei einer sprachlich noch unsicheren Klasse kann sich L in der Rolle eines Diskussionsleiters mit einbringen und so für einen flüssigeren Ablauf sorgen. Zum Schluss werden vor allem Marcus, aber auch Will mit einbezogen und es findet eine Abstimmung zur Ausgangsfrage des Sorgerechts für Marcus statt.
In einer schriftlichen Vertiefung und Ergebnissicherung schreiben die S als Hausaufgabe ein Gerichtsprotokoll, in dem die wichtigsten Pro- und Contrapunkte wiederholt und die gemeinsam beschlossene Lösung festgehalten wird.
Als weiterführender Aspekt kann in dieser Stunde noch die besondere Situation Fionas (geschieden, alleinerziehend, keinen Partner, neue Stadt) im UG herausgearbeitet werden. Hier soll zur Diskussion gestellt werden, ob und inwiefern diese Lebensumstände Ursache für Fionas Depressionen sind.
In der Hausaufgabe oder zu Beginn der zweiten Stunde bearbeiten die S einen Zeitschriftenartikel (copymaster No. 9 doppelseitig), der die Situation einer britischen, alleinerziehenden Mutter auf sehr unrealistische, beschönigende Weise beschreibt. Mit diesem Artikel wird also zum einen versucht, einen deutlichen Kontrast zu der schwierigen Situation Fionas zu setzen. Gleichzeitig soll der kritische Umgang mit dem Zeitschriftenartikel (und damit verbunden auch die Erkenntnis der übertriebenen Darstellung) aber auch zeigen, dass der Roman – selbst im Vergleich zu einem

nicht-fiktionalen Text – als sehr viel realitätsnäher abschneidet.
Aufgabe der S ist es, zu Hause den Artikel zu lesen und die in dem Bericht genannten positiven und negativen Aspekte des Lebens einer alleinerziehenden Mutter mit zwei unterschiedlichen Farben zu unterstreichen und diese in die vorgegebene Tabelle einzutragen (siehe copymaster No. 10).
Als Einstieg sollen die S zunächst das Foto der Autorin mit ihrem Baby genauer beschreiben. Bereits das Foto – so erkennen die S recht schnell – symbolisiert die nun im UG noch detaillierter besprochenen Ergebnisse der Hausaufgabe: die außergewöhnlich privilegierte Situation der Autorin des Zeitschriftenartikels Lucy Jago. Als Ergebnissicherung bietet sich eine Folie der Kopiervorlage 10 an, um die Tabelle gemeinsam am OHP zu ergänzen. Der Rest des Arbeitsblatts kann nun mündlich besprochen und stichpunktartig festgehalten werden. In diesem Zusammenhang können die S auch von ihren Erfahrungen über die Probleme (ihrer) alleinerziehender Eltern berichten (hier ist allerdings sehr viel Fingerspitzengefühl geboten), bzw. sich mit der Frage auseinandersetzen, ob und unter welchen Bedingungen sie bereit wären, ein Kind allein aufzuziehen.
In einem abschließenden Transferschritt malen die S die auf ihrem Arbeitsblatt abgedruckten Umrisse einer Frau aus, indem sie ihr den Gesichtsausdruck Fionas geben. Ein kurzer Vergleich der beiden Abbildungen schließt die Diskussion über Fiona als realistischere alleinerziehende Mutter ab.

## Stunde 9: Fiona and Will – Dear Mr Hornby

An die Situation alleinerziehender Mütter am Beispiel von Fiona schließt sich die Frage an, wieso Fiona im Verlauf des Romans keinen neuen Partner findet – insbesondere aber auch die Frage danach, wieso Nick Hornby auf das zunächst offensichtlich erscheinende Zusammenfinden von Will und Fiona verzichtet.
Als Einstieg in diese Thematik bietet sich die Präsentation des dreizehnten Kapitels (S. 78–86) vom Tonträger (falls vorhanden) an, da in diesem Kapitel von Marcus' Plan erzählt wird, Will und seine Mutter zusammenzubringen. Die S werden aufgefordert, sich beim Hören Notizen über die Gedanken des Sohnes Marcus zu machen. Im UG werden anschließend auch Marcus' Beweggründe für dieses Vorhaben erörtert. Im Anschluss daran sollen sich die S zu ihren Erwartungen (bezüglich dieses Plans) beim ersten Lesen äußern. Durch den fingierten Leserbrief (siehe copymaster No. 11a) soll ihnen bewusst gemacht werden, dass der Roman auch einen anderen (einfacheren) Ausgang hätte nehmen können. In Gruppen schreiben sie schließlich einen Antwortbrief im Namen Hornbys und begründen seine Entscheidung, Will und Fiona nicht zusammenkommen zu lassen (siehe copymaster No. 11b).
Die Ergebnisse werden präsentiert und diskutiert. Im abschließenden UG wird über den möglichen weiteren Werdegang der Hauptcharaktere spekuliert.
Obwohl sich diese kreative Schreibaufgabe auch gut als Hausaufgabe eignen würde, zeigt die Unterrichtspraxis, dass das Verfassen dieses Briefes in GA auf Postergröße einen so hohen motivationalen Anreiz für die S darstellt, dass es sich lohnt, eine ganze Stunde für diese Aufgabe einzuplanen.

## Stunde 10: Singing with your eyes closed

Im Mittelpunkt der elften Stunde soll der Song "Both Sides Now" von Joni Mitchell stehen, das Lied, das im Roman oft auftaucht und anhand dessen die S zu einem abschließenden, vertieften Verständnis von Fionas und Wills Persönlichkeit kommen sollen.
Als Anschluss an die vorangegangene Stunde suchen die S zunächst nach Gründen, warum Will und Fiona nicht zusammenpassen. In diesem Zusammenhang sollte nochmals das von Marcus arrangierte *date* betrachtet werden: Wie ist die Atmosphäre im Restaurant? Worüber reden die beiden? Hierzu wird das Kapitel 14 (S. 88 unten bis S. 89) in kurzer Stillarbeit durchgelesen, um auch die Beurteilung der Situation durch Will noch einmal vor Augen zu führen (falls die Hörspielkassette vorhanden ist, ist das Anhören der Gedanken Wills besonders zu empfehlen).
Da die Textstelle vermehrt Bezug nimmt auf den Joni-Mitchell-Song "Both Sides Now", ergibt sich die Überleitung zu diesem Lied von alleine. Zeitgleich mit der visuellen Präsentation des Liedtextes auf OHP (copymaster 12) wird den S der Song vorgespielt. Die Liedpräsentation wird in der Mitte unterbrochen und die S werden aufgefordert, sich die Melodie des Refrains besonders gut einzuprägen, damit sie während der letzten Strophe mit geschlossenen Augen mitsummen bzw. sogar mitsingen können. Auf diese Weise können sich die S in Wills bzw. sogar in Fionas und Marcus' Empfinden hineinversetzen und finden nicht nur zu dem Song, sondern auch zur Situation im Roman einen emotionalen Zugang. Nachdem die S zum einen ihr Erleben dieser „peinlichen" Situation, zum anderen aber auch persönliche Erlebnisse zum Singen mit geschlossenen Augen allgemein geäußert haben, folgt eine kurze PA-Phase, in der die Klasse (ggf. auch arbeitsteilig) herausarbeitet, welche Lebenserfahrungen in den drei Strophen beschrieben werden. Die gemeinsame Paraphrase des Inhalts (für die S notwendig, um den Song zu verstehen) sollte nun als hauptsächliche *message* zusammengefasst werden, nämlich, dass alle Dinge im Leben aus zweierlei Sichtweisen heraus betrachtet werden können und sich Erfahrungen oftmals als Illusionen erweisen. Diese Aussage Joni Mitchells kann in einem abschließenden Unterrichtsgespräch wiederum zurück zum Roman führen und auf Will und Fiona und deren gegensätzliche Lebenseinstellungen übertragen werden. Zur Vertiefung soll (geeignet sowohl als schriftliche HA als auch als extra Stunde) der Anfang des 30. Kapitels bearbeitet werden (S. 220–222 oben). Diese Textstelle verdeutlicht in stark metaphorischer Sprache noch einmal sehr gut, dass Fiona im Gegensatz zu Will eine sehr empfindsame, tiefsinnige und ernste Persönlichkeit ist. Die Tatsache, dass sie allen Dingen im Leben starke Bedeutung beimisst ("Fiona meant it. [...] There was nothing between her and the songs; she was inside them. She even closed her eyes when she was singing." S. 89) erklärt nicht nur ihre offene, selbstverständliche Art zu singen, sondern liefert auch einen Erklärungsansatz für ihre Depressionen. Vor allem der Bildsprache dieser Textstelle – dem Motiv des „Sich-über-Wasser-Haltens" – sollte in diesem Zusammenhang eine angemessene Bedeutung zukommen.
Falls es sich ergibt und noch Zeit übrig bleibt, können die S gemeinsam überlegen, welches musikalische Gegenstück im Roman zu Joni Mitchells sentimentalem Song "Both Sides Now" auftaucht. Falls die S Musik von Snoop Doggy Dogg,

Nirvana oder einer ähnlichen Rockband besitzen, dürfen sie diese für die nächste Stunde mitbringen, um den Kontrast zwischen Fionas musikalischer Welt und der modernen noch einmal zu verdeutlichen. Das Nirvana-Lied "Smells Like Teen Spirit" wäre für einen solchen Vergeich besonders geeignet.

### Stunde 11: Relationships in *About a Boy*

Um den Blickwinkel von den einzelnen Charakteren des Romans zu einem Gesamtbild zu erweitern, soll in dieser Stunde mit Hilfe eines Standbildes das Beziehungsgeflecht der Figuren in *About a Boy* zueinander erarbeitet werden.
Zu Beginn der Stunde bestimmt die Klasse sieben S, die sich als die Figuren Marcus, Will, Fiona, Clive, Suzie, Ellie und Rachel im Klassenzimmer aufstellen. Hierzu erhalten die Darsteller/innen ein selbstklebendes Etikett (besonders gut geeignet: Blanko-Adressaufkleber) mit dem Namen ihrer zu verkörpernden Figur. Der Rest der Klasse darf nun diesen sieben S Anweisungen geben, nach denen sie sich zueinander positionieren und damit – im wahrsten Sinne des Wortes – den Standpunkt der jeweiligen Romanfigur einnehmen. Die sieben S werden, wenn das Standbild gemeinsam erarbeitet und abgeschlossen ist, gebeten, für eine kurze Zeit in ihren Positionen zu verweilen, damit sich der Rest der Klasse die Konstellation einprägen kann.
Nach diesem Gesamtbild der Figuren zueinander untersucht die Klasse nun die einzelnen Beziehungsgeflechte im Roman. Hierzu finden sich die S in sieben Gruppen zusammen (Anzahl der zu analysierenden Beziehungsmuster im Roman). In ihren Gruppen bearbeiten sie einen der Arbeitsaufträge (copymaster No. 13), indem sie die Charakteristika ihrer jeweiligen Personenkonstellation schriftlich auf Folienstreifen festhalten. Bevor sie diese schriftlichen Ergebnisse am OHP präsentieren, stellt jede Gruppe zunächst in Form eines eigenen Standbildes szenisch dar, wie sie ihre Personenkonstellation interpretiert. Hierbei können die Gruppen auch zwei Standbilder vorführen, wenn sie eine Veränderung oder Entwicklung darstellen wollen.
Zur Abrundung und Vertiefung der Stunde wird das Einstiegsstandbild wieder aufgenommen und aufgrund der Gruppenarbeitsergebnisse erweitert bzw. detailliert, was Körperhaltung, Gestik und Mimik der Figuren angeht. Gleichzeitig können die Standpunkte der Figuren zueinander revidiert werden.

### Stunde 12: Narrative Point of View in *About a Boy*

In einem literaturwissenschaftlichen Exkurs sollen die S in dieser Stunde zum einen die Erzählperspektive und deren Funktion in *About a Boy* untersuchen und dazu außerdem die allgemeinen Fachbegriffe für Erzählsituationen kennen lernen und anhand von Beispielen wiedererkennen.
Die Impulsfrage, welche der beiden Figuren – Will oder Marcus – eher als Hauptfigur angesehen werden kann, leitet zunächst eine Diskussion der S untereinander ein, die sich hauptsächlich auf inhaltlicher Ebene bewegen wird: Der Roman beginnt aus der Perspektive von Marcus und auch die wesentlichen Handlungsstränge (Fionas Suizidversuch, Ellie-Episode usw) stehen stärker mit ihm in Verbindung als mit Will. Auch der Titel des Romans weist auf den ersten Blick auf Marcus. Andererseits ist Will Freeman die erwachsene Person im Roman, mit dessen Situation sich die Lesenden möglicherweise stärker identifizieren können, weil seine innere Entwicklung einen mindestens genauso bedeutenden Schwerpunkt darstellt.
Durch gezielte Fragetechnik führt L die Diskussion weiter zur Frage nach der Perspektive im Roman und damit zur Erzählsituation an sich. Da den S vermutlich weder die nach Franz K. Stanzel (*Typische Formen des Romans*) definierten Erzählperspektiven präsent, noch die englischen Begriffe hierfür bekannt sind, stellt L im Lehrervortrag am OHP eine Übersicht vor (siehe copymaster No. 14). Im UG klären die S, welche der gezeigten Erzählformen auf Hornbys Roman zutrifft. Nachdem deutlich geworden ist, dass die personale Erzählsituation im Englischen unter die Kategorie des *third-person narrator* fällt, arbeitet die Klasse heraus, dass es sich bei *About a Boy* um eine Spezialform des *limited omniscient narrator* handelt, der aus den verschiedenen Perspektiven der beiden Reflektorfiguren erzählt (*dual character point of view*). In einer kurzen PA überlegen sich die S stichpunktartig, wie sich die Wahl dieser Erzählperspektive auf den gesamten Roman auswirkt.
In einer abschließenden Transferphase bearbeiten die S in GA eine Sammlung von Romanexzerpten (copymaster No. 15, zwei Seiten), indem sie diese Textausschnitte der jeweiligen Erzählperspektive zuordnen. Auf diese Weise können die S nicht nur ihr gerade erworbenes Wissen sofort anwenden, sondern gleichzeitig auch exemplarisch Einblick in eine Auswahl an klassischen Werken der englischen und

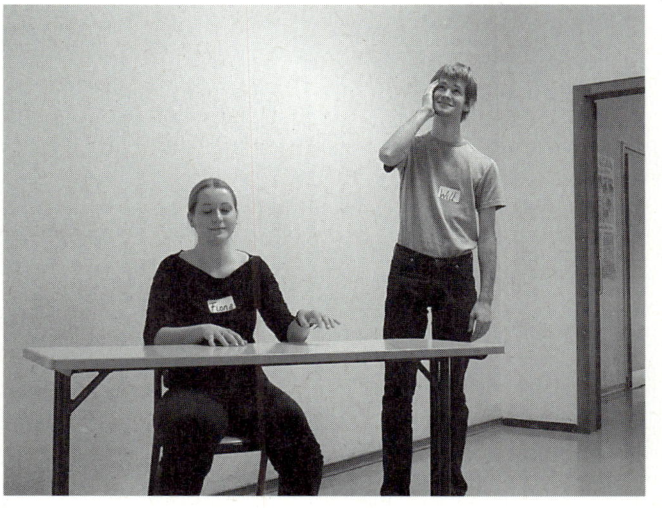

amerikanischen Literatur gewinnen. Bei der gemeinsamen Lösungsbesprechung sollte L dort, wo es sich ergibt, nachfragen oder erklären, wie die Erzählperspektiven mit den jeweiligen Romanen zusammenhängen.

## Stunde 13 und 14: The Film

Als Abrundung der Unterrichtseinheit wird empfohlen, die 2002 von Chris und Paul Weitz inszenierte Verfilmung des Romans (falls vorhanden) mit einzubeziehen.
Geschickt wäre es, eine zusätzliche (Nachmittags- oder Abend-) Veranstaltung zu organisieren, um den Film (101 Minuten) gemeinsam anzuschauen. Die S erhalten hierbei den Auftrag, während des Films Notizen zu möglichen Kritikpunkten, Auffälligkeiten und Unterschieden zum Roman zu machen, damit sie für die anschließende Aufgabe, eine Filmrezension zu verfassen, vorbereitet sind. Für diese HA erhalten sie Hilfe in Form einer Vokabelübersicht zum Thema Filmrezension (copymaster No. 16). Die Kopiervorlage Film and novel (copymaster No. 17) kann als OHP-Folie gezeigt werden und dient dazu, die S für die Dinge zu sensibilisieren, auf die sie achten sollen.
Da eine gemeinsame Besprechung der verfassten Rezensionen zu viel Zeit in Anspruch nehmen würde, sollte L die schriftliche Hausaufgabe zu Beginn der tatsächlichen Filmanalyse-Stunde einsammeln und auf sprachliche und inhaltliche Aspekte hin durchsehen (dies kann ggf. auch als Partnerkorrektur unter den S erfolgen).
In GA bzw. PA (je nach Klassenstärke) bearbeiten die S eine der Impulsfragen zur Verfilmung von *About a Boy* (siehe copymaster No. 18). Hierzu schneidet L die zwölf Analyseaspekte in einzelne Streifen, von denen jede Gruppe einen Papierstreifen ziehen darf. Die Arbeitsanweisung hierfür lautet, die jeweilige Frage in der Gruppe zu diskutieren und abschließend zu einem repräsentativen Statement zusammenzufassen, das auf dem OHP oder an der Tafel zur Ergebnissicherung festgehalten wird. Als Letztes sollte die Gruppe, die nach Unterschieden zwischen Film und Roman gesucht hat, zu Wort kommen, damit dieser recht umfangreiche Punkt gemeinsam weiter- bzw. ausgeführt werden

## Stunde 15: Vocabulary Work

Im Laufe der Einheit sollte eine Wortschatzarbeit erfolgen, die durch die annotierte Ausgabe des Romans einfach darin besteht, dass die S in PA zwei bis vier Kapitel der *Annotations* auf nützliche Begriffe durchsuchen, um schließlich eine gemeinsame Vokabelliste zu erstellen. Dabei sollte die Vokabelanzahl pro Gruppe oder Paar zwischen zehn und fünfzehn Wörtern liegen und in einer dreispaltigen Tabelle gesammelt werden *(English word; English synonym or explanation; German translation)*. Zur Aufteilung der Gruppen siehe Kopiervorlage 21.
Um gleichzeitig den Umgang mit Textverarbeitungs- und E-mailprogrammen zu schulen, erscheint es sinnvoll, dass die S ihre Ergebnisse eigenverantwortlich sammeln und zusammenstellen. Hierbei könnte sich ein/e besonders computererfahrene/r S die Gruppenergebnisse per E-mail zuschicken lassen, diese in einer Datei zusammenstellen und schließlich zur Endkorrektur an L weiterschicken.
Ob diese gemeinsam erstellte Liste die Grundlage für einen Vokabeltest sein soll, bleibt L überlassen.

## Stunde 16 und 17: Class Test

Auf den Seiten 47 und 48 befinden sich zwei Vorschläge für Klassenarbeiten (copymasters No. 22 & 23, wobei sich No. 22 für eine einstündige Klausur, No. 23 für eine zweistündige eignet), beide integrierte Textaufgaben mit Sprach-, Inhalts- und Transferteil. Natürlich würde sich auch die Bearbeitung einer Rezension eignen (zu empfehlen: die Rezension von James Berardinelli:
http://movie-reviews.colossus.net/movies/a/about_boy.html).

# Tabellarischer Verlauf der Unterrichtseinheit

## Stunde 1 und 2: Einstieg in den Roman

| Inhalt | Geplantes Lehrerverhalten | Erwartetes Schülerverhalten |
|---|---|---|
| **Einstieg:** UG über die Besonderheiten der ersten Kapitel eines Romans Einführung des Begriffs *exposition* | **"Why is it important to read the first chapters of a novel extremely carefully? What is the first part of a novel called?"** | **"...the main issue, the characters and the setting are introduced; you might lose interest or not know what the novel is about if you don't read the first chapters carefully."** |
| Kennenlernen der ersten beiden Kapitel: Bearbeitung der beiden Kopiervorlagen (➨ copymasters No. 1 & 2) in Gruppen (ggf. für einzelnen Arbeitsauftrag der Gruppe farblich markiert) | Aufteilen der S in zwei Gruppen zum Lesen der ersten beiden Kapitel und Vergabe der in Kleingruppen zu bearbeitenden Aufgabenstellung auf den Kopiervorlagen: **"The students on the left are going to read chapter 1, the rest will read chapter 2. After that, you will have to fill in the marked boxes in these handouts in groups."** | Die Hälfte der Klasse liest sich gründlich das erste bzw. zweite Kapitel durch und trägt anschließend die jeweiligen Ergebnisse in den markierten Teil ihres Arbeitsblattes ein |
| **Ergebnissicherung** | Austeilen der jeweils zweiten Kopiervorlage | Präsentation der Ergebnisse (siehe copymasters 1 & 2 Lösungen) am OHP bzw. auf Postern |
| **Optional:**<br>• Spekulieren über den Fortgang der Geschichte ggf. in PA (schriftlich) oder nur im UG | **"Those of you who haven't seen the film yet – what do you think will happen to Will and Marcus (as well as Fiona) in the course of the novel?"** | |
| • *Listening Comprehension* Kap. 1 & 2 | Vorspielen des Audiobooks (falls vorhanden) | |
| • Lektüre des jeweils noch nicht gelesenen Kapitels | | |
| **Hausaufgabe:** (Ferien-) Lektüre des gesamten Romans mit Ankündigung eines Überprüfungstests | | |

## Stunde 3: First Impressions - Clustering

| Inhalt | Geplantes Lehrerverhalten | Erwartetes Schülerverhalten |
|---|---|---|
| S halten ihre persönlichen Eindrücke vom Roman in großer Schrift mit dickem Stift auf zwei DIN A 5 Zetteln fest und sammeln diese an der Tafel. | **"Now that you've all read Nick Hornby's *About a Boy*, you probably have many different ideas and opinions about it. Please write down two things about the novel that you either found interesting, funny or even stupid while reading it"** | **(easy to read; funny language; middle part a little bit boring; I liked the story about the dead duck; How can a mother of a teenage boy try to kill herself?; shows teenage problems; Will is a strange/ unrealistic guy; good thing that lots of songs and music are included; ...)** |
| An der Tafel gesammelte Eindrücke der S werden im UG vorgestellt, besprochen und sortiert (Aufgabe kann an zwei S delegiert werden). | **"Is there anything we can discard because it occurs twice? Are there any similar issues?"** | jede/r S stellt seine/ihre eigenen Kommentare vor und Klasse gibt Anweisungen für eine mögliche Kategorisierung der Blätter |
| angekündigter Überprüfungstest mit Inhaltsfragen zum Roman (➨ copymasters No. 3 & 4 – auch zu Beginn der Stunde möglich) | **"Can you think of an order in which the sheets could be arranged so that our ideas become more structured?"** | (denkbar: interesting/funny VS boring/ weird; confusing; worth discussing) |

### Stunde 4 und 5: Charakterisierung Will Freeman

| Inhalt | Geplantes Lehrerverhalten | Erwartetes Schülerverhalten |
|---|---|---|
| **Einstieg:** Diskussion der Besetzung der Rolle von Will Freeman durch Hugh Grant anhand eines Fotos aus dem Film. | **"Some of you have seen the film already. How did you like Hugh Grant starring as Will Freeman? Those of you who haven't seen it yet – do you think he might have been a good choice for the part? Can you think of a different actor you would have chosen instead?"** | spontane Äußerungen |
| **Erarbeitung:** Auseinandersetzung mit der Figur Will Freemans durch das Durchlesen und Sortieren von verschiedenen Zitaten aus dem Roman (➡ copymaster No. 5) | L teilt pro Vierergruppe (Gruppengröße je nach Klassenstärke variabel) ein „Zitatepäckchen" aus: **"Together, please read the different quotes from the novel and try to arrange them in a plausible order."** | S lesen und besprechen die Zitate in ihrer Gruppe und überlegen sich eine Reihenfolge. |
| Besprechen der Einteilung bzw. Auswahlkriterien im UG | **"How did you sort the quotations?"** | Die Mehrheit der S wird vermutlich eine chronologische Anordnung vorschlagen |
| **Ergebnissicherung:** UG zur Gegenüberstellung von Wills Verhalten zu Beginn und am Ende des Romans als Tafelbild oder OHP-Folie (➡ copymaster No. 7) | **"What is Will Freeman like at the beginning? What quotes can we add to prove this?"**<br><br>**"To what extent does Will change during the course of the novel? How would you describe his character at the end of the novel?"** | **"Will behaves like 'one of life's visitors' (p. 93) and doesn't want to be involved in anything: 'No problem was his problem.' (p. 106)."**<br><br>**"He is able to empathize and take responsibility for others and tries to be human: 'Now everybody's problem was his problem' (p. 243)."** |
| **Transfer/Hausaufgabe:** S versetzen sich in die Perspektive eines Psychologen und verfassen mit Bezug auf das in der Stunde Erarbeitete einen Bericht über den inneren Wandel des „Patienten" Will Freeman (➡ copymaster No. 7 unten) | **"Imagine you are the psychologist who has been treating Will for the last years. Report on how your patient has changed during the last few months. – Make sure to use the kind of language a therapist would use."** | |
| (optional: Analyse einer *EastEnders*-oder ähnlichen Soap- Episode ) | **"What are the problems mentioned in this episode from *EastEnders*? Take notes."**<br><br>**"What do you think Will likes about *EastEnders*? Why does he watch it regularly?"** | **"The characters in *EastEnders* have problems with money, with their partners/relatives, with betrayals, with death or illness. Will likes *EastEnders* either because it is a compensation for his uneventful life or because he is glad that he does not have any such troubles himself."** |

## Stunde 6: Charakterisierung des Marcus

| Inhalt | Geplantes Lehrerverhalten | Erwartetes Schülerverhalten |
|---|---|---|
| (Einsammeln der HA zur Korrektur)<br>**Einstieg:** *Mindmap* zum Thema *coolness* | **"What makes a cool person cool?"** | S sammeln an der Tafel die Aspekte, die ihnen spontan zur Eigenschaft *cool* einfallen |
| **Vertiefung:** Farbige Markierung der *Mindmap* (auf Marcus zutreffende Eigenschaften: grün; für Will: blau) | **"Let's get back to Will and Marcus. Which of these features describe Marcus, which describe Will?"** | **"Whereas Will is obviously the cool person who wears expensive clothes, has a modern taste in music and knows all the 'in' places in London, Marcus only embodies coolness in that he has his own style and way of thinking. Even though he stands by his opinions and acts surprisingly grown-up and mature in some ways, he can be described as a weird rather than a cool teenager."** |
| **Erarbeitung:** S untersuchen den Charakter von Marcus anhand einer vorgegebenen Textstelle (S. 11–14) | **"Go through the text and underline the things that prove that Marcus is weird. "** | **"Marcus is different from the majority because he hasn't got the 'right' look (shoes, clothes and haircut) and so he doesn't feel right for school, for parties, or for the clothes teenagers like, e.g. baggy trousers."** |
| Festhalten der Ergebnisse als Tafelbild | **"Then, with a different colour, mark those passages which explain why he is different."** | **One of the main reasons for his "uncool" looks and behaviour is his mother, who, with her hippie/alternative attitude, patronizes her son to a certain extent and tells him not to 'watch rubbish television, or listen to rubbish music, or play rubbish computer games' (p. 13).** |
| **Vertiefung:** tabellarische Gegenüberstellung der Charaktereigenschaften Fionas mit persönlichen Ratschlägen zu ihrem Verhalten als Mutter | **"At home, make a list of Fiona's positive and negative characteristics and take a few notes on how you think she should change her behaviour as a mother"** | |

## Stunde 7: Fiona as a mother – role play

| Inhalt | Geplantes Lehrerverhalten | Erwartetes Schülerverhalten |
|---|---|---|
| **Einstieg:** zum Rollenspiel hinführende Impulsfrage | **"How would you react as a father if you found out that your ex-wife had tried to commit suicide?"** | **"I would be concerned/shocked/ mad/feel guilty/be angry with her/feel responsible for my child/...."** |
| **Einführung:** Vorstellen der Ausgangssituation im Rollenspiel (➨ copymaster No. 8) am OHP | **"Imagine Clive (Marcus's father) found out about Fiona's attempted suicide. As he is very angry at his ex-wife now, he has decided to dispute her right and ability to take care of Marcus."** | |
| **Erarbeitung:** S erhalten ca. 5 min. Zeit, um das Rollenspiel gemeinsam mit den ihnen zugeteilten coaches vorzubereiten.<br>Alle Akteure erhalten eine als Tischkarte gefaltete Karteikarte, auf deren Rückseite sie ihre Argumente notieren sollen. | Verteilung der einzelnen Rollen durch Rollenkarten: Fiona, Mrs Dawson (her lawyer), Suzie, Claire (another friend), Colin (Fiona's father); Clive, Mr Whitehead (his lawyer), Lindsey, Peter (his brother), Judith (his mother); Will; Marcus; plus jeweilige coaches zur Unterstützung | S versetzen sich in ihre jeweilige Rolle und sammeln auf der Rückseite ihrer Rollenkarten mit Hilfe ihrer Notizen (Hausaufgabe) stichwortartig Argumente für ihre Positionen |
| Durchführung des Rollenspiels unter Leitung des Rechtsanwalts von Clive (kann u. U. von L übernommen werden) Akteure nehmen an gegenübergestellten Tischreihen mit Tischkarten (Vorderseite der Rollenkarten) ihren Platz ein | **"Good morning, ladies and gentlemen. First of all I would like to thank you for coming to this meeting. As Clive, my client, has made it clear to me that he would very much prefer an amicable settlement of this matter, you have all been invited to this informal talk..."** | S debattieren, inwiefern das Sorgerecht Fiona ab- oder Clive zugesprochen werde sollte, z. B.:<br>**"As Fiona's father, I am convinced that my daughter is perfectly capable of raising her son, whereas you, Clive, were the one who deserted the family and has done nothing other than enjoy life on your own or with new women, smoking pot,..."** |
| Nach Ende der Diskussion: Abstimmung zum Sorgerecht und/oder Rückblick auf die Hausaufgabe<br><br>**Transfer:** S verfassen in PA ein Protokoll, in dem sie die im Unterricht gefallenen Argumente wiedergeben und den endgültigen Beschluss festhalten (auch als Hausaufgabe möglich) | **"What are the aspects of Fiona's behaviour as a mother that you would advise her to change? Take a look at your homework again."** | **"She protects him from all kinds of bad influence (TV, PC games, fast-food) – she has always been there for him – if she lost Marcus now, she would never get over her depression – she has many friends who are willing to help her – Clive is a less responsible person than Fiona..."**<br>**"She doesn't know what teenagers need – she doesn't notice that Marcus is bullied (or why he is bullied) – she is too absorbed or preoccupied with her depression..."** |
| Hausaufgabe (Voraussetzung für die folgende Stunde):<br>Intensives Lesen des Zeitschriftenartikels von Lucy Jago (➨ copymasters No. 10 & 11) und Nachschlagen wichtiger Vokabeln | **"Read the article closely and look up unknown words. While reading, take two differently coloured pens and underline or mark the positive and negative aspects of single motherhood mentioned in the text."** | |

## Stunde 8: Single mothers

| Inhalt | Geplantes Lehrerverhalten | Erwartetes Schülerverhalten |
|---|---|---|
| **Einstieg:** S beschreiben das Foto auf dem Zeitschriftenartikel (➡ copymaster No. 9, zwei Seiten) und fassen diesen in wenigen Worten zusammen | **"Let's have a look at the life of Lucy Jago, another single mother from the UK. We have a picture of her with the article. Can you describe it? How would you sum up the article in one or two sentences?"** | **"The author is shown with her little baby, both happily smiling, obviously in her back garden.<br>The article describes how well Lucy Jago copes with her situation as a single mother."** |
| **Hausaufgabenkontrolle:** Klasse füllt im UG gemeinsam die Tabelle (➡ copymaster No. 10) zu im Text gegebenen Vor- und Nachteilen des Alleinerziehens aus | L leitet UG und sammelt die Beiträge an der Tafel bzw. am OHP (Kopiervorlage auf Folie) | Positive: "I've never been happier or had as much fun."; seeing a child grow up is funny, very exciting and fulfilling; author changed from being a workaholic into a loving mother; birth of her daughter has given her strength and self-confidence; bonds with family and friends become closer, as everybody tries to support you; a child feels that it is really loved, even if only by one parent; doesn't have to worry about a jealous partner<br><br>Negative: at first terrifying and frightening; no financial or emotional support of a partner; had to give up her flashy life style (extensive travelling, etc.); child is deprived of a father |
| Kurze SA oder PA: kritische Fragestellung zum Text mit anschließender Besprechung | **"Is Lucy Jago's view on single parenthood a realistic one? Why/ Why not? Write down your answers in the comment box on your handouts."** | **"It cannot be called realistic because Lucy Jago is no ordinary single mother – she has a supportive family, no money problems and a well-paid job, where she can work from home."** |
| **Vertiefung und Transfer:** Übertragen der Situation im Text auf Erfahrungen der S und... | **"The text shows us a happy and fulfilled mother without a partner. Do you know any single mothers or fathers who lead a similar life?..."** | |
| ...auf die von Fiona im Roman | **"Let's get back to the single mother in our novel, Fiona. Take a pencil and draw Fiona's face into the blank character on your sheets."** | **"In my picture she looks unhappy/ doesn't smile as openly as Lucy Jago does, because..."** |

### Stunde 9: Fiona and Will – Dear Mr Hornby

| Inhalt | Geplantes Lehrerverhalten | Erwartetes Schülerverhalten |
| --- | --- | --- |
| **Einstieg:** (Vor-) Lesen der 78. Seite (oder Präsentation vom Tonträger falls vorhanden) als Einstimmung auf die Thematik Fiona und Will | L. präsentiert Marcus Gedanken zum „Verkuppeln" von Fiona und Will: **"While listening (reading) please take notes on what Marcus plans to do in this scene."** | **"Marcus decides to bring Will and Fiona together and to move to Will's place. He even wants them to have a baby so that there'd be five family members. His intention is to have a big family so that nobody would be alone if one of them died."** |
| UG über die Erwartungen beim ersten Lesen | **"When you first read about this strategy what did you expect?"** | individuelle S-Äußerungen |
| **Erarbeitung:** L. stellt fingierten Leserbrief (➨ copymaster No. 11a) und Aufgabe vor (OHP-Folie) | **"A relationship between Fiona and Will is presumably what many (female?) readers expected or hoped for at this point and some of them probably even asked Mr Hornby why he decided against it."** | S lesen Leserbrief |
| S verfassen in GA einen Antwortbrief aus der Perspektive Nick Hornbys und versuchen, seine schriftstellerische Intention zu durchschauen. | L teilt Gruppen ein und erklärt Arbeitsauftrag **"Your task now is to reply to Claire Dawson and to justify your decision."** | S fertigen einen Antwortbrief auf Din A3 Papier oder OHP-Folie an (➨ copy-master No. 11b auf DIN A3 kopiert). |
| **Ergebnissicherung:** S tragen ihre Ergebnisse vor (oder erstellte Brief-Poster werden aufgehängt) Ergebnisse werden an der Tafel festgehalten | **"What are the reasons why Mr Hornby did not turn Will into Marcus's step-father?"** | **"Hornby wanted to write a realistic novel; wanted the story to be more complex; did not want it to be kitschy; a relationship with Will wouldn't have solved Fiona's problems (...)"** |
| **Transfer:** UG über die denkbare Entwicklung der Charaktere Will und Fiona | **"Do you think that Fiona might finally find a new boyfriend? Does Will's relationship with Rachel have a future? What might become of them? Do you think they will keep in contact nevertheless?"** | **"Fiona will probably only find a proper boyfriend once she has overcome her depressions. Will seems to be very happy with Rachel and he might manage to keep this relationship going. Will might also keep in contact with Marcus and Fiona."** |

**Stunde 10: Singing with your eyes closed (Song: Both Sides Now)**

| Inhalt | Geplantes Lehrerverhalten | Erwartetes Schülerverhalten |
|---|---|---|
| **Einstieg:** UG darüber, warum Fiona und Will nicht zusammenpassen und über ihr *date* | **“You said last lesson that it would have been boring and strange if Fiona and Will had come together. You said they were not suited to each other. Can you repeat why they aren’t?”** | **“Fiona believes in completely different things than Will, e.g. alternative things. She is much more thoughtful than Will and does not care about fashion or technical gadgets.”** |
| **Erarbeitung:** Vorlesen oder Anhören der Passage, in der Will das Treffen mit Fiona beschreibt (S. 88 *Within a few days* ... *S. 89 ...when she was singing*) – | **“Listen again to what Will thinks about Fiona after their ‘date’. What is he particularly startled about?”** | **“He is totally shocked about the fact that Fiona ‘sat down at the piano and started to play’ and that she ‘meant’ what she was singing.”** |
| Überleitung zum Joni Mitchel Song und Präsentation des Liedes vom Tonträger sowie der Lyrics am OHP (➡ copymaster No. 12) | **“Try to catch Mitchell’s message and hum the last refrain with your eyes closed, if possible!”** | S verfolgen beim Hören den Liedtext am OHP Sie schließen beim letzten Refrain die Augen und summen diesen mit. |
| **Ergebnissicherung:** UG über die Hauptaussage des Songs. Ergebnisse werden an der Tafel in einer zweispaltigen Gegenüberstellung *Both Sides Now* ↔ *Will* festgehalten | **“What is Joni Mitchell’s message in this song? What does this message mean to Fiona/Will?”** | **“All things in life can be looked at from two sides and often an experience finally turns out to be an illusion. Fiona tries to look at things from those two sides; she is very thoughtful.”** |
| **Transfer:** Vergleich der Song-Message und der Lebenseinstellung Wills durch Analyse der Seiten 220 (He wanted to help...) – 222 (erster Abschnitt). L sollte Textstelle aufgrund komplexer Satzstrukturen vorlesen oder vorspielen | **“What is meant by ‘the point’ here and why does Will not want to talk about it?”** | **“As depressions often have to do with a lack of meaning or prospects in life, Will feels unable to talk about ‘the point’ (meaning) of life since he does not see any such purpose in life himself.”** |
| Analyse der Wasser-Metapher – ggf. als Hausaufgabe | **“What does the water metaphor on pp. 221f. mean and what does it show us about Will?”** | **“Will realizes because of Fiona that people with relatives and jobs have more reasons to stay alive or keep their heads above water than those who don’t have reasons for living – like himself. He notices that he is about to drown (‘his lungs had filled with chlorinated water’) and therefore he needs ‘someone buoyant to hang on to’, for example someone like Rachel: ‘She could keep him afloat.’”** |
| **Hausaufgabe / Transfer:** S suchen musikalisches Gegenbeispiel zu “Both Sides Now”, das sie mit in den Unterricht bringen und präsentieren dürfen<br><br>ggf. auch UG über *the point* | **“What would be the musical counterparts to ‘Both Sides Now’? Can you present some songs plus the lyrics into class?”** | **(songs by Nirvana or SnoopDoggyDogg, for example)** |

## Stunde 11: Relationships in About a Boy

| Inhalt | Geplantes Lehrerverhalten | Erwartetes Schülerverhalten |
|---|---|---|
| **Einstieg:** L fragt nach sieben Freiwilligen, die sich vor die Klasse stellen; L teilt Klebeetiketten (Adressaufkleber) mit Namen der Figuren aus und fordert Klasse auf, die Romanfiguren (= sieben S) durch Anweisungen so zu positionieren, wie sie am Ende des Romans „zueinander stehen“.<br>Abgeschlossenes Standbild wird von den S entweder kurz schriftlich fixiert oder nur eingeprägt.<br>Es bietet sich auch an, das Standbild zu fotografieren. | **“What we want to analyse today are the relationships between the characters in the novel. That is why I would like seven volunteers to come to the front and to take one of these name tags each. This is Will, (Marcus, Fiona, Clive, Suzie, Ellie and Rachel). Now think about the way in which these seven characters are related to each other. Who should be standing next to whom? Where would you put …? Should … stand closer to … or to …? How should they stand, look, move their arms, …**<br>**“Try to remember this tableau you just arranged. We will need it again later.”** | Sieben S als Romanfiguren stellen sich vor die Klasse und lassen sich durch die Anweisungen der anderen zu einem Standbild aufstellen; auch möglich, um ein Ausgangsbild zu schaffen: zunächst übernehmen drei oder vier S die Aufgabe der „Modellierung“, später dürfen weitere S durch Anweisungen ergänzen und umändern, etc. |
| **Erarbeitung:** GA zu den einzelnen Beziehungen im Roman; sieben Gruppen übernehmen jeweils den Arbeitsauftrag zu dem ihnen zugeteilten Figurenpaar (hierzu ➡ copymaster No. 13 auf Folie, mit Namen der zuständigen S versehen); schriftliches Festhalten der Ergebnisse auf Folienstreifen<br><br>**Präsentation:** jede Gruppe stellt ihre Ergebnisse zunächst als Standbild, dann mit Worten am OHP vor | **“Come together in seven groups to find out more about each relationship.”**<br>L. beschriftet die Folie (➡ copymaster No. 13) mit Namen der S-Gruppen | S erarbeiten in Gruppen die ihnen zugeteilte jeweilige Personenkonstellation |
| **Vertiefung:** Wiederaufnahme und Abrundung des Einstiegsstandbildes; Erarbeitung von Details bzw. Veränderung der anfänglichen Positionierungen | **“Could our seven students from the beginning of the lesson please come forward once again? Now that we have worked out more details about the different relationships, is there anything you would like to change as compared to our first tableau?”** | Die sieben S des Einstiegsstandbildes treten erneut vor die Klasse und lassen sich von dieser neu aufstellen. |

### Stunde 12: Narrative Point of View in *About a Boy*

| Inhalt | Geplantes Lehrerverhalten | Erwartetes Schülerverhalten |
|---|---|---|
| **Einstieg:** Impulsfrage nach dem Protagonisten des Romans | **"Who do you think is the protagonist in *About a Boy*?"** | **"I think it's Will. Readers can identify with him much better because he is funny…/ I think Marcus is the protagonist. The novel starts with him talking about his problems and the book is called *About a BOY*…."** |
| **UG:** Überlegungen zur Gewichtung von Will und Marcus, zur Perspektive im Roman und erste Vermutungen über die Erzählperspektive | **"Let's have a vote – who thinks Will is more important, who thinks Marcus is? Can you give reasons for your opinion? From whose perspective is the novel told? So what kind of narrative point of view is chosen?"** | **"Marcus and Will take turns. Each chapter alternates between one of them speaking. In German, it would be called *personale Erzählperspektive*, but…"** |
| **Lehrervortrag:** Vorstellen der wichtigsten literarischen Erzählsituationen anhand einer Folie am OHP (➡ copymaster No. 14, auch für die S als Arbeitsblatt zu kopieren) | (➡ copymaster No. 14) | S hören zu und notieren sich weitere Informationen auf ihrem Arbeitsblatt (➡ copymaster No. 14) |
| **UG:** Herausarbeiten der Erzählperspektive als Spezialform in *About a Boy* | **"Now that you know about the different types of narrators, can you say which narrative perspective Hornby uses in *About a Boy*?"** | **"As the overview shows, we are dealing with a 'third-person narrator' in the novel, with a limited omniscient point of view. What is special about the novel is that it has a dual-character point of view."** |
| **Transfer:** Übungsphase in GA oder PA (ggf. arbeitsteilig, besser: alle gesamtes AB) zu einzelnen Romanexzerpten (➡ copymaster No. 15. zwei Seiten) und anschließende Besprechung der Lösungen | **"In groups of three (two/four), take a look at these passages taken from different British or American novels. Try to work out the respective narrative points of view. It might help you to read very extensively (without worrying too much about single words) and to underline those words or phrases which confirm your ideas."** | first-person narrator:<br>• interior monologue (text 9)<br>• first person as protagonist (texts 2, 6 and 10)<br>• first person as observer (texts 4 and 7)<br>third-person narrator:<br>• single-character p.o.v. (texts 3 and 5)<br>• multiple-character p.o.v.: (*About a Boy*)<br>• camera-eye point of view (texts 1 and 9) |

### Stunde 13 und 14: The Film

| Inhalt | Geplantes Lehrerverhalten | Erwartetes Schülerverhalten |
|---|---|---|
| Während der vorausgegangen Filmpräsentation sollten die S stichpunktartig Kritikpunkte und Auffälligkeiten festhalten, um diese zu Hause in einer Filmrezension mit Hilfe des entsprechenden Vokabulars (➨ copymaster No. 16) auszuarbeiten. Diese *reviews* werden eingesammelt und auf sprachliche und inhaltliche Aspekte hin korrigiert. | L. sammelt die als Hausaufgabe angefertigten Filmrezensionen zur Korrektur ein | |
| **Einstieg:** Romanverfilmungen im allgemeinen: Zusammenfassen der wesentlichen Punkte für die Kritik einer solchen. | Klasse sammelt im UG die Hauptmerkmale einer Romanverfilmung und L hält diese in einem Tafelbild (siehe copymaster 20 oben) fest | S äußern sich zu den Kriterien, die sie in der Hausaufgabe behandelt haben: **"The choice of actors is important as well as differences between the film and the novel..."** |
| **Erarbeitung:** Detaillierte Analyse des Filmes in PA bzw. GA zu bestimmten Aspekten der Verfilmung (➨ copymaster No. 17)<br><br>Die Besprechung der Rollenbesetzungen kann durch Fotos von den Schauspieler/innen, die Marcus, Will, Fiona, Clive und Ellie darstellen (ggf. als OHP Folie), angeregt werden. | L teilt die Klasse in 12 Gruppen bzw. Paare ein und verteilt die in Papierstreifen geschnittenen Arbeitsaufträge (➨ copymaster No. 18)<br><br>**"Let's take a look at these aspects of the film again in detail. In groups/pairs, please analyse one aspect of the film version. Please discuss your question/statement or task and write down your answers or comments on a transparency or poster."** | S bearbeiten in PA/GA ihre Aufgabenstellung und bereiten die Präsentation ihrer Ergebnisse vor. |
| **Ergebnissicherung:** Gruppen präsentieren ihre Ergebnisse und stellen diese zur Diskussion. | | S stellen ihre Ergebnisse vor und besprechen diese (für Unterschiede Roman/Film ➨ copymaster No. 19) |
| **Vertiefung:** Die erarbeiteten Kritikpunkte (pos. + neg.) werden mit „professionellen" oder von Amateuren verfassten Rezenisonen in einer Internetrecherche verglichen (➨ copymaster No. 20);<br>Vergleich der Ergebnisse untereinander. | **"Please analyse at least two different reviews and take notes on your handouts. Look up unknown words in your dictionary or in an online dictionary (e.g. http://dict.leo.org/)." "Compare your results with other groups."** | S suchen mittels einer Internet-Suchmaschine nach englischsprachigen Rezensionen zu *About a Boy* und notieren sich Informationen auf ihrem Aufgabenblatt – auch zu sprachlichen Besonderheiten. |

### Stunde 15: Vocabulary Work

| Inhalt | Geplantes Lehrerverhalten | Geplantes Schülerverhalten |
|---|---|---|
| Die S erarbeiten in Gruppen ein Lernvokabular basierend auf der Vokabelerklärungen in der Textausgabe (➨ copymaster No. 21) | **"In groups of two or three go through the annotations and make a list of about 10 to 12 words or expressions that you find worth learning. Please send me (student X) your list by e-mail (preferably as a Word document)."** | |

### Stunde 16 und 17: Class test

Einstündige Klausur ➨ copymaster No. 22
Zweistündige Klausur ➨ copymaster No. 23

**Marcus**

Age: _____ ?

**Marcus's mum**

Age: _____ ?

**facts about their lives:**

**Their relationship:**

**characteristics?**

**characteristics?**

| What's important for Marcus? | What is/are his problem(s)? |
|---|---|
| | |

| What's important for her? | What is/are her problem(s)? |
|---|---|
| | |

© Ernst Klett Verlag GmbH, Stuttgart 2003: About a Boy Teacher's Guide
ISBN 3-12-573834-2

## Marcus

**Age: 12**

## Marcus's mum

**Age: (38)**

**facts about their lives:**

They have just moved to London. Marcus's parents got divorced four years ago. Marcus lives with his mum who has had several boyfriends since. Marcus's father lives in Cambridge

**Their relationship:**

They obviously argue a lot. Marcus doesn't mind his mum having boyfriends. He is quite worried about her because she seems to be very sad. They like each other!?

**characteristics?** (Marcus)
lonely (no friends); caring and warm-hearted, naive, tolerant?

**characteristics?** (Marcus's mum)
funny, nice and pretty; depressed; can't keep relationships going; concerned

| What's important for Marcus? | What is/are his problem(s)? |
| --- | --- |
| relationship to his mum | the new school / town |
| whether his mum has a boy-friend or not | his mum's constitution the divorce? |
| The fact that Roger ordered a pizza with peperoni on it which they don't eat | |

| What's important for her? | What is/are her problem(s)? |
| --- | --- |
| whether Marcus minds her having boyfriends | the fact that she has split up with Roger |
| to be strict in Marcus's education (food, TV...) | she has depressions the divorce? |
| To be vegetarian | |


© Ernst Klett Verlag GmbH, Stuttgart 2003: About a Boy Teacher's Guide
ISBN 3-12-573834-2

# WILL FREEMAN

**Go through chapter two and search for information about Will.**
**Fill in the boxes.**

**age:** ________

**job:** ___________________________________

| **Will's 'cool' achievements:** | **attitude toward men's magazines and questionnaires:** |
|---|---|
| | |

| **Will's life / daily routine:** | **Will's attitude towards family / children / friends with children:** |
|---|---|
| | |

| **What is important for Will?** | **What is/are his problem(s)?** |
|---|---|
| | |

© Ernst Klett Verlag GmbH, Stuttgart 2003: About a Boy Teacher's Guide ISBN 3-12-573834-2 

# WILL FREEMAN

**Go through chapter two and search for information about Will.**
**Fill in the boxes.**
**age: 36**
**job: he doesn't have a job**

**Will's 'cool' achievements:**

has spent more than three hundred pounds on a jacket

owns more than five hip-hop albums

has taken Ecstasy in a club

earns more than forty thousand pounds a year

has never used a flavoured condom

as eaten in a good Italian restaurant

Has grown a goatee and shaved it off...

**attitude toward men's magazines and questionnaires:**

buys too many magazines

has a big pile in his bathroom

He doesn't know how seriously you are supposed to take the questionnaires, but he is very proud of being 'men's magazine cool'.

He prefers magazines to books (see p. 6 bottom)

**Will's life / daily routine:**

He does nothing serious at all.

He watches TV a lot.

He listens to Snoop Doggy Dogg or Nirvana.

He reads stupid magazines.

He goes shopping (CDs and clothes).

He visits 'friends'

**Will's attitude towards family / children / friends with children:**

He doesn't like children.

He can't understand friends who have children.

Thinks that couples with children must be unhappy and bored

He doesn't like visiting friends who have children.

He doesn't want to be a godfather

**What is important for Will?**
being young, cool, single & independent
his image and his appearance
clothes, labels, TV and music
there is nothing he's good at

**What is/are his problem(s)?**
to fill his days
the fact that he wants to be younger
his friends are all married

 © Ernst Klett Verlag GmbH, Stuttgart 2003: About a Boy Teacher's Guide ISBN 3-12-573834-2

Name: ____________________________________________

**1. What happens on "Dead Duck Day"?**

______________________________________________________________________

______________________________________________________________________

______________________________________________________________________

______________________________________________________________________

**2. Why does Will Freeman not need to have a job?**

______________________________________________________________________

______________________________________________________________________

______________________________________________________________________

**3. Why do Marcus's friends Nicky and Mark at school want to end their "friendship"?**

______________________________________________________________________

______________________________________________________________________

**4. Why does Fiona become very angry when she hears about Marcus going round to Will's flat every day? What is her suspicion?**

______________________________________________________________________

______________________________________________________________________

______________________________________________________________________

**5. What does Will buy before he meets up with Suzie, her daughter Megan and Marcus for a picnic in the park?**

______________________________________________________________________

______________________________________________________________________

______________________________________________________________________

**6. What does Will talk about at his friends' New Year's Eve party to make Rachel become interested in him?**

______________________________________________________________________

______________________________________________________________________

______________________________________________________________________

**7. Where does Marcus deliver his "cool speech" to his father?**

______________________________________________________________________

______________________________________________________________________

______________________________________________________________________

credits: ______/______ mark: ______

© Ernst Klett Verlag GmbH, Stuttgart 2003: About a Boy Teacher's Guide ISBN 3-12-573834-2 

**1. What happens on "Dead Duck Day"?**
On "Dead Duck Day" Suzie takes Marcus with her to a SPAT picnic. Will gives them a lift. When feeding some ducks Marcus throws a whole French baguette at a duck and kills it. When they come home to Marcus's place they find that his mother has tried to commit suicide.

**2. Why does Will Freeman not need to have a job?**
Will's father wrote a famous Christmas song called "Santa's Supersleigh" and Will, having inherited the rights, lives off the royalties.

**3. Why do Marcus's friends Nicky and Mark at school want to end their "friendship"?**
Nicky and Marc tell Marcus that they have been bullied since they started hanging around with him although they never had any trouble before.

**4. Why does Fiona become very angry when she hears about Marcus going round to Will's flat every day? What is her suspicion?**
Fiona suspects that Will might want to sexually harrass Marcus because she can't think of any other explanation why a 36-year-old man would want to hang around with a 12-year-old boy.

**5. What does Will buy before he meets up with Suzie, her daughter Megan and Marcus for a picnic in the park?**
Will buys a children's car seat and scatters biscuit crumbs and squashed crisps on it to make it look used.

**6. What does Will talk about at his friends' New Year's Eve party to make Rachel become interested in him?**
He talks about Marcus and about how Marcus would kill Rachel for saying that Nirvana songs sound the same as Led Zeppelin. He makes her believe that Marcus is his son, without actually making this claim in so many words.

**7. Where does Marcus deliver his "cool speech" to his father?**
Marcus makes this speech when he and Ellie are at the police station in Royston because Ellie broke the window of a record shop that displayed a cardboard cutout of Kurt Cobain on the day of his death.


© Ernst Klett Verlag GmbH, Stuttgart 2003: About a Boy Teacher's Guide
ISBN 3-12-573834-2

**Name:** ______________________________

**1. Why does Will's first relationship with a single mother end?**

______________________________

______________________________

______________________________

______________________________

**2. When and why do Marcus and Will meet again after the "Dead Duck Day"?**

______________________________

______________________________

______________________________

**3. Why does Marcus start to come round to Will's flat after school almost every day?**

______________________________

______________________________

______________________________

**4. Why does Marcus come home barefoot one day? How does his mum react?**

______________________________

______________________________

______________________________

**5. What happens in front of the headmistress's office?**

______________________________

______________________________

______________________________

**6. Who does Marcus celebrate Christmas with? What presents does he get?**

______________________________

______________________________

______________________________

**7. Why do Marcus and Ellie go on a trip to Cambridge together? What happens on the way?**

______________________________

______________________________

______________________________

______________________________

credits: ______/______ mark: ______

**1. Why does Will's first relationship with a single mother end?**
His girl-friend, Angie, ends the relationship because she is not ready for a new relationship and maybe wants to get back with her ex-husband again. This is good news to Will, who had wanted to end the relationship himself.

**2. When and why do Marcus and Will meet again after the "Dead Duck Day"?**
As Marcus wants to enlarge his family he decides to bring Will and his mum together and that is why he calls Will and asks him to take them out to lunch.

**3. Why does Marcus start to come round to Will's flat after school almost every day?**
Marcus visits Will because he doesn't have friends at school. Above all, however, he visits him because he is afraid of going home since he fears his mum might again have tried to commit suicide.

**4. Why does Marcus come home barefoot one day? How does his mum react?**
After Will bought him a fancy pair of trainers, Marcus is bullied by the other boys at school and they steal his shoes. Fiona gets really angry and talks to Will as well as to the headmistress.

**5. What happens in front of the headmistress's office?**
While Marcus is waiting there, he addresses Ellie who is also waiting to see the headmistress. Ellie is in trouble because she always wears a Kurt Cobain sweatshirt instead of the one with the school logo on it. Marcus tries to be nice, but Ellie is very rude and coarse.

**6. Who does Marcus celebrate Christmas with? What presents does he get?**
Marcus celebrates Christmas together with his mum, his dad, Lindsey, Lindsey's mum, Suzie and Will. He gets a very ugly pullover and piano notes from his mum, computer games from his father, and a Kurt Cobain shirt and the Nirvana album Nevermind from Will.

**7. Why do Marcus and Ellie go on a trip to Cambridge together? What happens on the way?**
After Clive fell off a window ledge, he apparently had a "big think" about life – and that is why he wants to see and talk to Marcus. Marcus doesn't really want to see him but Ellie goes with him to support him. But Ellie suddenly leaves the train in Royston with Marcus following her. She breaks a shop window because she is upset about the death of Kurt Cobain.

 © Ernst Klett Verlag GmbH, Stuttgart 2003: About a Boy Teacher's Guide ISBN 3-12-573834-2

| | | | |
|---|---|---|---|
| You didn't have to have a life of your own any more; you could just peek over the fence at other people's lives, as lived in newspapers and EastEnders and films and exquisitely sad jazz or tough rap songs. | 'Listen. I'm touched that you asked. But I can't think of anything worse. Seriously. It's just not my sort of thing.' | Great sex, a lot of ego massage, temporary parenthood without tears and guilt-free parting – what more could a man want? Single mothers – bright, attractive, available women, thousands of them, all over London – were the best invention Will had ever heard of. | [...] by the time Suzie had finished her litany of treachery and deceit, he wanted to cut off his own penis with a kitchen knife. |
| It had all been very interesting, but he wouldn't want to do it every night. | She believed in alternative things, like aromatherapy and vegetarianism and the environment, stuff he didn't give much of a shit about, really. | He had imagined entering their world, but he hadn't foreseen that they might be able to penetrate his. He was one of life's visitors; he didn't want to be visited. | The thing was, Will had spent his whole life avoiding real stuff. |
| Will could see how sad this was, but he could also see that it wasn't his problem. No problem was his problem. | 'You can't just shut life out, you know.' She was wrong, he was almost positive. You could shut life out. If you didn't answer the door to it, how was it going to get in? | 'Because I thought you were a sort of blank – you didn't do anything, you weren't passionate about anything, you didn't seem to have much to say – [...].' | He'd be singing with his eyes closed soon, and there was nothing he could do about it. |
| Every way you looked at it there was an argument that said, get involved, help the kid out, look after him. | He'd rather be an idiot again. He'd had his whole life set up so that nobody's problem was his problem, and now everybody's problem was his problem, and he had no solutions for any of them. | 'I'm not being funny, but can I come in with you to listen to Marcus's answerphone message? I just want to hear that he's OK.' | Will couldn't recall ever having been caught up in this sort of messy, sprawling, chaotic web before; it was almost as if he had been given a glimpse of what it was like to be human. It wasn't too bad, really; he wouldn't even mind being human on a full-time basis. |

© Ernst Klett Verlag GmbH, Stuttgart 2003: About a Boy Teacher's Guide ISBN 3-12-573834-2 

| | | | |
|---|---|---|---|
| You didn't have to have a life of your own any more; you could just peek over the fence at other people's lives, as lived in newspapers and EastEnders and films and exquisitely sad jazz or tough rap songs. (pp. 6f.) | 'Listen. I'm touched that you asked. But I can't think of anything worse. Seriously. It's just not my sort of thing.' (p. 9) | Great sex, a lot of ego massage, temporary parenthood without tears and guilt-free parting – what more could a man want? Single mothers – bright, attractive, available women, thousands of them, all over London – were the best invention Will had ever heard of. (p. 24) | [...] by the time Suzie had finished her litany of treachery and deceit, he wanted to cut off his own penis with a kitchen knife. (p. 36) |
| It had all been very interesting, but he wouldn't want to do it every night. (p. 63) | She believed in alternative things, like aromatherapy and vegetarianism and the environment, stuff he didn't give much of a shit about, really. (p. 87) | He had imagined entering their world, but he hadn't foreseen that they might be able to penetrate his. He was one of life's visitors; he didn't want to be visited. (p. 93) | The thing was, Will had spent his whole life avoiding real stuff. (p. 104) |
| Will could see how sad this was, but he could also see that it wasn't his problem. No problem was his problem. (p. 106) | 'You can't just shut life out, you know.' She was wrong, he was almost positive. You could shut life out. If you didn't answer the door to it, how was it going to get in? (p. 133) | 'Because I thought you were a sort of blank – you didn't do anything, you weren't passionate about anything, you didn't seem to have much to say – [...].' (p. 210) | He'd be singing with his eyes closed soon, and there was nothing he could do about it. (p. 211) |
| Every way you looked at it there was an argument that said, get involved, help the kid out, look after him. (p. 220) | He'd rather be an idiot again. He'd had his whole life set up so that nobody's problem was his problem, and now everybody's problem was his problem, and he had no solutions for any of them. (p. 243) | 'I'm not being funny, but can I come in with you to listen to Marcus's answerphone message? I just want to hear that he's OK.' (p. 246) | Will couldn't recall ever having been caught up in this sort of messy, sprawling, chaotic web before; it was almost as if he had been given a glimpse of what it was like to be human. It wasn't too bad, really; he wouldn't even mind being human on a full-time basis. (pp. 264f.) |

 © Ernst Klett Verlag GmbH, Stuttgart 2003: About a Boy Teacher's Guide ISBN 3-12-573834-2

## In the beginning:

## In the end:

⇦⇨

⇦⇨

⇦⇨

⇦⇨

## Conclusion:

## Homework:

Imagine you are the psychologist who has been treating Will for the last few years. Write a report on how your patient has changed during the last few months.

© Ernst Klett Verlag GmbH, Stuttgart 2003: About a Boy Teacher's Guide
ISBN 3-12-573834-2

Clive, Fiona's ex-husband, wants to gain custody of his son Marcus because he found out that Fiona tried to commit suicide and now believes her to be an irresponsible mother incapable of bringing up a child on her own.

He consults his lawyer who organizes an informal meeting with Fiona, her lawyer and some social workers in order to reach an amicable settlement. He also asks Fiona to bring Marcus – who in turn asks Will to accompany him.

Apart from **Marcus and Will** the following are present:

| | |
|---|---|
| **Fiona** | **Clive** |
| **Mrs Dawson (lawyer)** | **Mr Whitehead (lawyer)** |
| **Suzie** | **Lindsey**, Clive's new partner |
| **Claire** (another friend, | **Peter**, Clive's brother, |
| also a single mother of two) | a child psychologist |
| Fiona's father (**Colin**) | Clive's mother (**Judith**) |
| Simon (social worker) | Liz (social worker) |
| an advisor for each character | |

 © Ernst Klett Verlag GmbH, Stuttgart 2003: About a Boy Teacher's Guide ISBN 3-12-573834-2

# 'I'm Lily's only parent

## but I give her love enough for two'

Women like Lucy Jago are shattering the single-parent stereotype. Here, she describes the pros and cons of being an independent mum. Photographs Elisabeth Scheder-Bieschin

As I write this, my daughter is happily chewing a corner of my laptop and practising her new vocal skills – 'da da da'. I think it is incredibly sweet, despite having a spit-encrusted keyboard and repetitive strain injury (from typing with one hand while holding her with the other). It is one of nature's jokes that most babies' first words are 'da da'. It's usually 'ma ma' they see most of. And it's a sad irony that my daughter's brilliant rendition has never been heard by her father. I'm one of the growing number of mothers who are bringing up children alone. Once devoid of even the slightest tinge of romance, independent motherhood is now imbued with glamour by women such as JK Rowling, Elizabeth Hurley and Ulrika Jonsson – although as far as I'm aware, none chose to be in this position.

When my partner disappeared unexpectedly, I was terrified at the prospect of becoming a single mum. Put the words 'single' and 'mother' together and they create a derogatory stereotype. I didn't want to vanish behind a label, to be known only as someone's mother, destined to be single. For the first time in my life I longed to appear in *Hello!* as one half of a smug couple with their 'wonderful new addition'. Being pregnant was proving to be one big minus.

It was around the three-month milestone when my partner ceased being a proud, slightly nervous father-to-be and hotfooted it to join a rock band in Florida. He ended our relationship by phone and I haven't seen him since. Yet we had been heading the way of marriage, and that's what we'd decided to do if I became pregnant. When I did, we became engaged and he started telling people about the baby, but after the 12-week scan his terror of becoming a parent seemed to overwhelm him. Although he saw his little embryo kicking her legs madly, he's never seen the child that emerged six months after his departure.

> After the 12-week scan his terror of becoming a parent seemed to overwhelm him

Obviously I wish that he'd signed up for a few counselling sessions rather than a new life abroad. I don't respect his choices, but it seems his behaviour isn't unusual: as my belly grew, so did the number of stories I heard that mirrored my own. One woman was left by her partner because he was afraid that he'd abuse his child as his father had abused him. Another woman came home to find that her husband had hanged himself, fearing he was incapable of being a father. One was pregnant with her second child when her husband went out for a takeaway and never came back. Perhaps some research into 'Male Pregnancy Panic Syndrome' would explain why men abandon their partners because, really, how can a grown man be so afraid of a little thing like the one now chewing up my notes?

Maybe some men bolt because 'parenthood' has a rather challenging image these days. Men can frequently read about how redundant they are as fathers in the newspapers, and, as a ☛

From *Red* magazine, April 2002. Reproduced by permission of Hachette-Filipacchi UK Ltd, London.

mother-to-be I felt positively flattened by stories like, 'How I survived postnatal depression'; 'Cracked nipples – what they never told you'; and 'Does your nanny beat your children/abuse drugs/want a new car?' This was occasionally relieved by periods of utter denial, such as learning to scuba dive when I was five months pregnant. But pregnancy is a deadline that you can't miss. I knew the baby would arrive and I'd have to cope alone. The first night after the birth, listening obsessively to my daughter's irregular, snuffly breathing, I wondered if I'd ever have the courage to leave a thing so precious unguarded at night.

Having a child is brilliant, even if you're doing it without the father. Now that Lily has arrived, complete with gums that make light work of anything within a bum-shuffle radius, I've never been happier or had as much fun. Nappy changing isn't such a chore when she tries to help by kicking the dirty nappy away and spattering everything with barely digested Organic Orchard Chicken. I really wasn't expecting to laugh so much. At six months, Lily already has a well-developed sense of humour and delights at hiding under towels, sneezing loudly (and wetly), blowing milk everywhere when she's had enough, and pulling my hair to reach my ear and croon sweet nothings into it. Watching her is like staring into the embers of a fire: hypnotic, dream-inducing and very time-consuming. I've never been more in love.

I realise now that I feared my life would end when the baby's began, and being partnerless would render it impossible to escape the nursery. BB (before baby), I travelled extensively, made television documentaries and wrote my first book. I went skydiving, swam with dolphins, rode horses bareback, meditated in India, and fell in love with unsuitable men. I lived life to the full, but I can honestly say that nothing compared to watching my child come out of my body. AB (after baby), I think that raising a child alone isn't necessarily harder than raising one with a partner. Each scenario has challenges and rewards.

I'm awed by the kindness we've received; becoming a lone parent has restored my faith in human nature

I'm lucky to have a supportive family. My father and Lily adore each other. She rests on his tummy, grooming his moustache, and they smile lovingly at each other. To be closer to my family I moved from London to Dorset, my mother making my transition from girl-about-town to seaside mum almost painless. My sister is the best sister/auntie you could wish for, and Lily's godparents are perfect, giving her love and lending me everything from rattles to travel cots. My friends have showered me with baby clothes, affection and advice, and Lily has admirers queueing to make up for the cuddles she misses from her father. I am awed by the kindness we've received; becoming a lone parent has, unexpectedly, restored my faith in human nature.

There are also other factors that have helped me to look after a baby without a partner. I work from home and can schedule my time to suit us. I had enough earnings to live on initially, so I didn't have to worry about money or extracting maintenance from her father.

Over the past few months my old life has metamorphosed into something new. My nice car was sacrificed for something with a boot, and the poor cat was relegated to secondary love object. My workaholic nature has been replaced with an acceptance that not much is getting done, and I'm resigned to disturbed nights – having no partner, at least it's only the baby that interrupts my sleep.

There have been some unexpectedly positive side effects. When my partner left, I felt hopeless, confused and furious. I spent the months before Lily's birth trying to expunge the anger by walking miles every day and scribbling my bitterness into a diary. The fact that I'm now thriving has given me confidence that I am stronger than I realised. What's more, being single I can concentrate on Lily without worrying about my partner being jealous; no one grumbles if I bring her into bed in the (usually early) mornings, and no one expects dinner, clean shirts or an unfailingly witty repartee. I spend what little free time I have doing whatever I like.

Of course there are disadvantages, the biggest being that Lily has been deprived of a father. I comfort myself with the experience of a girlfriend who was brought up by her mother. She swears that she had the happiest childhood of all her friends, receiving undivided attention and not being upset by rowing parents.

I'm grateful to celebrity independent mothers for highlighting the inadequacy of the term 'single mum'. Most of us don't spend all day being single, or mum; we're also sisters, daughters, friends, with some of us even fitting in a bit of international stardom, film producing, writing and so on. The label doesn't do justice to all the women trying to provide stable, loving homes in which to raise happy, responsible children without the emotional (and often financial) support of a partner, so let's jettison the term now.

Taken unawares by my partner's departure, I can't predict the future; I clearly lack a talent in the foresight department. But I'd like my daughter to have a father who is excited by the thought of children and who appreciates that bringing them up contains more joys than burdens. Whether I will ever trust anyone again depends on who I meet, but now that my decisions are centred on Lily, I hope that I am wiser and more cautious. For the time being we are happier than I could ever have imagined. And judging from Lily's smiles, I think a child knows when she is really loved, whether it be by grandparents, aunts, godparents, friends, one parent or two. ◼

*Lucy Jago is the author of The Northern Lights (Penguin, £14.99). For news of her work and upcoming projects, log on to her website at lucyjago.com.*

From *Red* magazine, April 2002. Reproduced by permission of Hachette-Filipacchi UK Ltd, London.

 © Ernst Klett Verlag GmbH, Stuttgart 2003: About a Boy Teacher's Guide ISBN 3-12-573834-2

| According to the author, what is so great about having a baby, even as a single mother? | What are the negative aspects of being a single mum? How does Lucy Jago cope with them? |
|---|---|
| + | |
| + | |
| + | |
| + | |
| + | |
| + | |
| + | |
| + | |
| + | |
| + | |

Comment:

© Ernst Klett Verlag GmbH, Stuttgart 2003: About a Boy Teacher's Guide ISBN 3-12-573834-2 

Dear Mr Hornby,

_About a Boy_ is the most stimulating, gripping* and witty novel I've ever read. Reading it made me think about values such as love, friendship and family a lot.
I hate books that only deal with superficial topics!

However, there is one aspect which I simply can't understand. I really quite liked Marcus's idea to bring Will and his mother together. He longed for a father and a proper family!

Why didn't Will and Fiona get together? Why didn't the three of them become a happy family?

Sincerely yours,

Claire Dawson

* fesselnd


© Ernst Klett Verlag GmbH, Stuttgart 2003: About a Boy Teacher's Guide
ISBN 3-12-573834-2

Dear Ms Dawson,

Thank you for your letter. I am glad you enjoyed About a Boy. I get lots of letters about this novel and many readers have asked the same question before.

© Ernst Klett Verlag GmbH, Stuttgart 2003: About a Boy Teacher's Guide
ISBN 3-12-573834-2

Bows and flows* of angel hair and ice cream castles in the air
and feather canyons everywhere: I've looked at clouds that way.
But now they only block the sun, they rain and snow on everyone.
So many things I would have done but clouds got in my way.

I've looked at clouds from both sides now,
from up and down, and still somehow
it's cloud illusions I recall.
I really don't know clouds at all.

Moons and Junes and ferris wheels*, the dizzy* dancing way you feel
as every fairy tale comes real: I've looked at love that way.
But now it's just another show. You leave 'em laughing when you go
and if you care, don't let them know, don't give yourself away*.

I've looked at love from both sides now,
from give and take, and still somehow
it's love's illusions I recall.
I really don't know love at all.

Tears and fears and feeling proud to say "I love you" right out loud,
dreams and schemes* and circus crowds, I've looked at life that way.
But now old friends are acting strange, they shake their heads, they say
I've changed.
Well, something's lost but something's gained in living every day.

I've looked at life from both sides now,
from win and lose, and still somehow
it's life's illusions I recall.
I really don't know life at all.

I've looked at life from both sides now,
from up and down, and still somehow
it's life's illusions I recall.
I really don't know life at all.

Music / Text: Joni Mitchell. © Westminster Music Ltd, für D: Essex, Musikvertrieb GmbH, Hamburg

**flow** *here:* hair hanging freely and loosely – **ferris wheel** *(A.E.)* large upright, rotating wheel with suspended cars in which passengers ride for amusement – **dizzy** having the feeling that one is losing one's balance – **to give oneself away** to show one's inner feelings that one had tried to hide – **scheme** a (secret) plan to achieve s.th.


© Ernst Klett Verlag GmbH, Stuttgart 2003: About a Boy Teacher's Guide
ISBN 3-12-573834-2

1. **Describe the relationship between "your" two characters. Does their relationship change in the course of the novel? Write down a short report on a piece of transparency.**

2. **Think of a tableau which symbolizes their relationship (or two tableaux if you want to express a change: in the beginning – in the end).**

3. **Be prepared to present your results to the class.**

**Groups:**

**Marcus – Fiona:**

**Marcus – Will:**

**Marcus – Ellie:**

**Marcus – Clive:**

**Will – Suzie:**

**Will – Rachel:**

**Will – Fiona:**

© Ernst Klett Verlag GmbH, Stuttgart 2003: About a Boy Teacher's Guide ISBN 3-12-573834-2 

**interior monologue**

first-person narrator presents a train of thoughts or stream of consciousness

**first person as protagonist**

the narrator is the main character of the story and presents the story through his/her eyes

**first person as observer**

narrator is an observer rather than a major character – (s)he can also be a minor character in the story

# first-person narrator

# third-person narrator

**limited omniscience: narrator with single-character POV***

is omniscient in that (s)he shows the thoughts of only ONE character; other characters only presented externally

**limited omniscience: narrator with multiple-character POV**

narrator presents inner life and thoughts of several or all characters

**camera-eye point of view**

narrator stays out of the minds of the characters – presents the story as an objective eyewitness

* POV = point of view

 © Ernst Klett Verlag GmbH, Stuttgart 2003: About a Boy Teacher's Guide ISBN 3-12-573834-2

**1.** On an evening in the latter part of May a middle-aged man was walking homeward from Shaston to the village of Marlott, in the adjoining Vale of Blakemore or Blackmoor. The pair of legs that carried him were rickety, and there was a bias in his gait which inclined him somewhat to the left of a straight line. He occasionally gave a smart nod, as if in confirmation of some opinion, though he was not thinking of anything in particular. An empty egg-basket was slung upon his arm, the nap of his hat was ruffled, a patch being quite worn away at its brim where his thumb came in taking it off. Presently he was met by an elderly parson astride on a gray mare, who, as he rode, hummed a wandering tune.

Thomas Hardy, *Tess of the d'Urbervilles*, Hare: Wordsworth Editions 1992, p. 13

**2.** You don't know about me without you have read a book by the name of The Adventures of Tom Sawyer; but that ain't no matter. That book was made by Mr. Mark Twain, and he told the truth, mainly. There was things which he stretched, but mainly he told the truth. That is nothing. I never seen anybody but lied one time or another, without it was Aunt Polly, or the widow, or maybe Mary. Aunt Polly – Tom's Aunt Polly, she is – and Mary, and the Widow Douglas is all told about in that book, which is mostly a true book, with some stretchers, as I said before.
Now the way that the book winds up is this: Tom and me found the money that the robbers hid in the cave, and it made us rich.

Mark Twain, *Adventures of Huckleberry Finn*, Chapter One.

**3.** A cold rain began to fall, and the blurred street-lamps looked ghastly in the dripping mist. The public-houses were just closing, and dim men and women were clustering in broken groups round their doors. From some of the bars came the sound of horrible laughter. In others, drunkards brawled and screamed.
Lying back in the hansom, with his hat pulled over his forehead, Dorian Gray watched with listless eyes the sordid shame ot the great city, and now and then he repeated to himself the words that Lord Henry had said to him on the first day they had met, 'To cure the soul by means of the senses, and the senses by means of the soul.' Yes, that was the secret. He had often tried it, and would try it again now. There were opium-dens, where one could buy oblivion, dens of horror where memory of old sins could be destroyed by the madness of sins that were new.

Oscar Wilde, *The Picture of Dorian Gray*, Paris: Charles Carrington 1905, pp. 269f.

**4.** Let me take you into that dining-room, and show you the Rev. Adolphus Irwine, Rector of Broxton, Vicar of Hayslope, and Vicar of Blythe, a pluralist at whom the severest Church reformer would have found it difficult to look sour. We will enter very softly, and stand still in the open doorway, without awaking the glossy-brown setter who is stretched across the hearth, with her two puppies besides her; or the pug, who is dozing, with his black muzzle aloft, like a sleepy president.

George Eliot: *Adam Bede*, London: Penguin 1981, p. 49

**5.** Mrs Dalloway said we would buy the flowers herself. For Lucy had her work cut out for her. The doors would be taken off their hinges; Rumpelmayer's men were coming. And then, thought Clarissa Dalloway, what a morning – fresh as if issued to children on a beach. What a lark! What a plunge! For so it had always seemed to her when, with a little squeak of the hinges, which she could hear now, she had burst open the French windows and plunged at Bourton into the open air.

(Virginia Woolf, *Mrs. Dalloway*, London: The Hogarth Press 1950, pp. 5f.)

© Ernst Klett Verlag GmbH, Stuttgart 2003: About a Boy Teacher's Guide ISBN 3-12-573834-2 

**6.** Your father does not know how to teach. You can have a seat now.' I mumbled that I was sorry and retired meditating upon my crime. I never deliberately learned to read, but somehow I had been wallowing illicitly in the daily papers. In the long hours of church – was it then I learned? I could not remember not being able to read hymns. Now that I was compelled to think about it, reading was something that just came to me, as learning to fasten the seat of my union suit without looking around, or achieving two bows from a snarl of shoelaces.

(Harper Lee: *To Kill a Mockingbird*, London: Mandarin 1960, p. 19)

**7.** Of late years, an abundant shower of curates has fallen upon the north of England: they lie very thick on the hills; every parish has one or more of them; they are young enough to be very active, and ought to be doing a great deal of good. But of no late years are we about to speak; we are going back to the beginning of this century: late years – present years are dusty, sun-burnt, hot, affair; we will evade the noon, forget it in siesta, pass the mid-day in slumber, and dream a dream of dawn.

Charlotte Bronte: *Shirley*, New York/London: Harper & Brothers 1899, p. 1

**8.** I can accompany him first I must clean the keys of the piano with milk whatll I wear shall I wear a white rose or those fairy cakes in Liptons I love the smell of a rich big shop at 7 _d a lb or the other ones with the cherries in them and the pinky sugar 11d a couple of lbs of course a nice plant for the middle of the table

James Joyce: *Ulysses*, London: The Bodley Head 1960, p. 931f.

**9.** One January day, thirty years ago, the little town of Hanover, anchored on a windy Nebraska tableland, was trying not to be blown away. A mist of fine snowflakes was curling and eddying about the cluster of low drab buildings huddled on the gray prairie, under a gray sky. The dwelling-houses were set about haphazard on the tough prairie sod; some of them looked as if they had been moved in overnight, and others as if they were straying off by themselves, headed straight for the open plain. [...]
On the sidewalk in front of one of the stores sat a little Swedish boy, crying bitterly. He was about five years old. His black cloth coat was much too big for him and made him look like a little old man."

Willa Cather, *Oh Pioneers!*, New York: Dover Publications 1993, p. 1

**10.** My father's family name being Pirrip, and my Christian name Philip, my infant tongue could make of both names nothing longer or more explicit than Pip. So, I called myself Pip, and came to be called Pip.
I give Pirrip as my father's family name, on the authority of his tombstone and my sister - Mrs. Joe Gargery, who married the blacksmith. As I never saw my father or my mother, and never saw any likeness of either of them (for their days were long before the days of photographs), my first fancies regarding what they were like, were unreasonably derived from their tombstones. The shape of the letters on my father's, gave me an odd idea that he was a square, stout, dark man, with curly black hair.

Charles Dickens, *Great Expectations*, chapter 1


© Ernst Klett Verlag GmbH, Stuttgart 2003: About a Boy Teacher's Guide
ISBN 3-12-573834-2

## different kinds of films / movies:

action, adventure, mystery, thriller, Western, science fiction, documentary, historical, based on a novel, children's, love-story, romance, comedy, animated cartoon

### the characters can be...

(dis)honest / ambitious / lazy / fascinating / cold-blooded / mean / hard-hearted / warm-hearted / evil / hot-headed / understanding / generous / likeable / two-faced / (im)mature

### the actor / actress...

can play a role convincingly or passionately
can (not) fit the role / perform his/her part well

### the film script...

is based on a novel / real story / real life

contains convincing / (un)realistic / witty or stilted *(gestelzte)* dialogues

is intended to make the viewer laugh / cry / think / change his mind

foreshadows / uses symbols such as neglects / disregards

### the story/plot can ...

arouse curiosity
build up to a climax / reach a climax
gain or lose momentum *(Wucht / Schwung)*

### it can be ...

full of tension / exciting / boring / convincing / confusing / humorous / entertaining / amusing / melodramatic / slow-moving emotional / critical / controversial / far-fetched

### the director...

develops a story patiently
draws attention to ...
places emphasis on / emphasizes / stresses ...
highlights certain scenes ...
alludes to... / foreshadows... /
portrays him / her as ...
creates an atmosphere of / a mood of ...
creates tension / uses visual effects or background music

© Ernst Klett Verlag GmbH, Stuttgart 2003: About a Boy Teacher's Guide
ISBN 3-12-573834-2

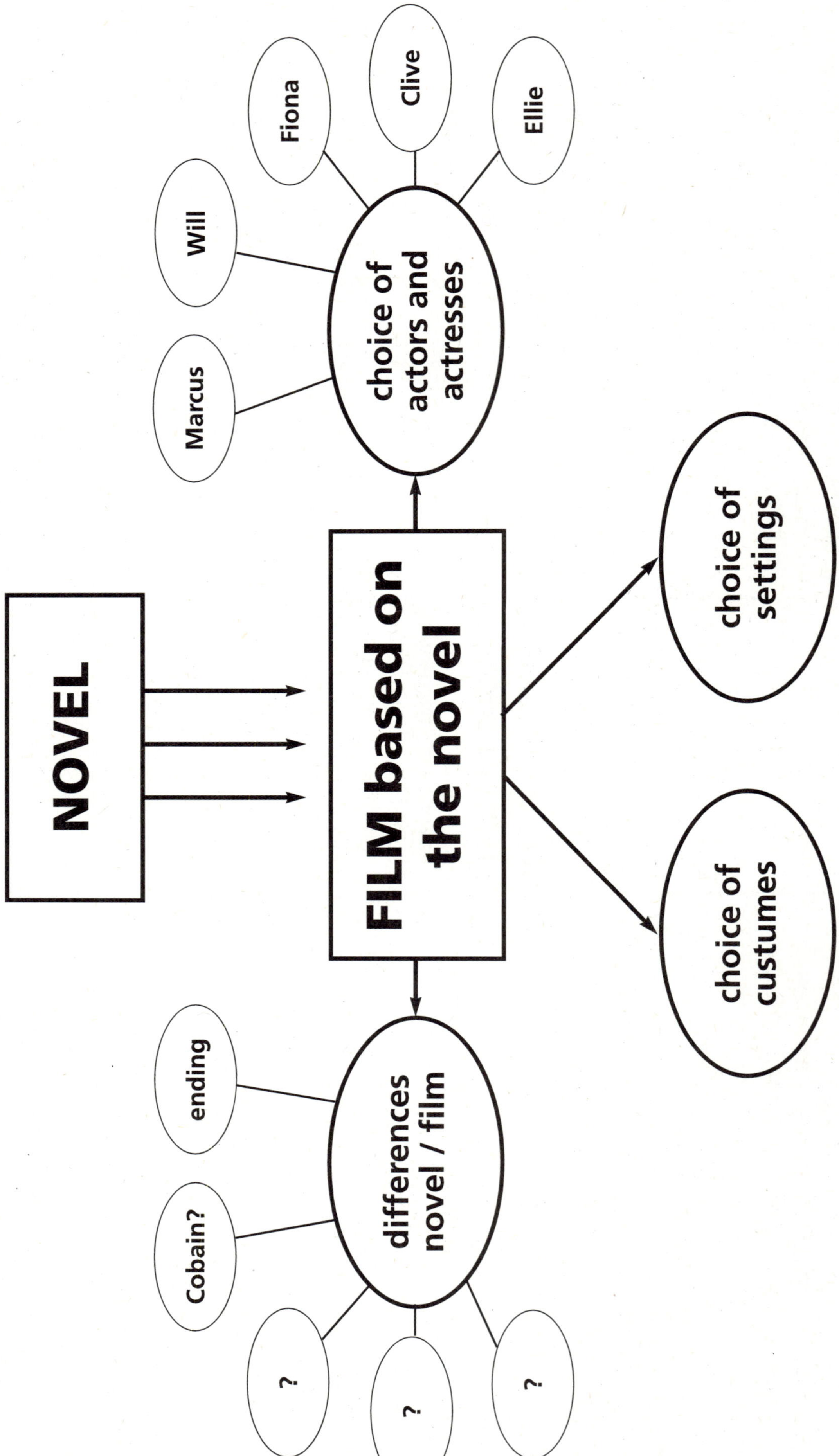


 © Ernst Klett Verlag GmbH, Stuttgart 2003: About a Boy Teacher's Guide ISBN 3-12-573834-2

- Why was Hugh Grant a good / bad choice of actor to portray Will Freeman?

- What did you like / didn't you like about Toni Collette as Fiona?

- What did you think of the choice of actor to play Marcus? Do you think that Nicholas Hoult played his part convincingly?

- What did you think of Marcus's father in the film? Did you like the actor who was chosen? Can you think of another actor you would have preferred?

- How did you find the girl that played Ellie in the film? What do you think about her role in the film in general?

- Do you think that the costume designer did a good job? Find various examples.

- How did you like the different settings that were chosen in the film (Will's flat; Fiona's flat, etc.)?

- Why do you think they changed the ending in the film? How do you judge the "concert episode" that was added in the film?

- A lot of critics claim that the film is a great deal more superficial than the novel. Do you agree? Give reasons.

- What do you think the last scene in the film (Christmas dinner at Will's place) is supposed to imply?

- What difference does it make that the Kurt Cobain issue is left out completely?

- Collect as many differences between the film and the novel as possible. What was omitted? What was added? Try to think of details as well.

© Ernst Klett Verlag GmbH, Stuttgart 2003: About a Boy Teacher's Guide
ISBN 3-12-573834-2

## basic differences between the novel and the movie

| Novel | Movie |
|---|---|
| First chapter:<br>Fiona and Roger have just split up. Marcus tries to comfort Fiona though his main concern seems to be what is to happen to Roger's pizza.<br>Second chapter:<br>Will is at home doing a 'coolness' questionnaire. | voice over – countdown scene in Will's flat with the question: Who said 'No man is an island'? Will explains why people today can afford to be islands (TV, CDs and DVDs make them independent). He says that he considers himself to be Ibiza.<br>Second scene: Marcus lying on his bed explains to the audience why he doesn't fit into his school. |
| After Marcus's trainers get stolen Fiona talks to the headmistress and it is for this reason that Marcus has to go and see her. In front of her office he meets Ellie. | When Marcus's new trainers get stolen Fiona takes Markus straight to the restaurant where Will is having dinner with a friend. She takes him to task in front of the other guests |
| When Rachel gets to know the truth about Marcus she does not make a big fuss; instead the reader gets to know a few intimate details about their relationship (when they first had sex; Will's feelings) | When Will tells Rachel the truth about Marcus she says that only the fact that he had a son made him interesting to her. Will then says that she was right about him being blank and leaves |
| Ellie becomes an important friend for Marcus and she has a great influence on him: his taste in music as well as his attitude towards his father changes. | Marcus keeps on listening to the new CD he got from Will, and because he sings 'Uh Ah Shake Your Ass' out aloud in the school hallway he gets to know Ellie. |
| Marcus and Ellie take the train to Cambridge because Marcus wants to give Clive a piece of his mind, but because of Kurt Cobain's suicide, Ellie goes off the rails and they end up at a police station. | Will visits Fiona at her SPAT meeting because he is concerned about Marcus. He then drives to the school concert with her and finally sings with Marcus on stage (makes a fool of himself)<br><br>After the concert Fiona offers to take Marcus to McDonald's. |
| Last scene – Marcus declares that he hates Joni Mitchell's "Both Sides Now". | Last scene – Christmas celebration in Will's flat. |


© Ernst Klett Verlag GmbH, Stuttgart 2003: About a Boy Teacher's Guide
ISBN 3-12-573834-2

| interesting aspects | stupid ideas (criticism that doesn't make sense to me) | phrases or vocab worth collecting |
|---|---|---|
| | | |

PS: You can check unknown words with the help of the following website: http://dict.leo.org/

© Ernst Klett Verlag GmbH, Stuttgart 2003: About a Boy Teacher's Guide ISBN 3-12-573834-2 

In groups of two go through the annotations for *About a Boy* (pp. 279 – 296) and make a list of about 10 to 12 words/expressions that you find worth learning.

The list is to consist of three columns:

| **English** | **definition/synonym** | **German** |
|---|---|---|
| weird | very strange | seltsam |
| | | |

Please send the list as an e-mail attachment to my e-mail address:

**Groups:**

pp. 279 – 280:
pp. 281 – 282:
pp. 283 – 284:
pp. 285 – 286:
pp. 287 – 288:
pp. 289 – 290:
pp. 291 – 292:
pp. 293 – 294:
pp. 295 – 296:


© Ernst Klett Verlag GmbH, Stuttgart 2003: About a Boy Teacher's Guide
ISBN 3-12-573834-2

**CLASS TEST** **Name:** ______________ **Date:** ______________

They got a taxi back to Fiona's place. The cabbie was listening to GLR, and the disc jockey was talking about Kurt Cobain; it took Will a while to understand the strange, muted tone in the DJ's voice.

'What's happened to him' Will asked the cabbie.

'Who?'

'Kurt Cobain.'

'Is he the Nirvana geezer? He shot himself in the head. Boom.'

'Dead?'

'No. Just a headache. Yeah, course he's dead.'

Will wasn't surprised, particularly, and he was too old to be shocked. He hadn't been shocked by the death of a pop star since Marvin Gaye died. He had been ... how old? He thought back. The first of April 1984 ... Jesus, ten years ago, nearly to the day. So he had been twenty-six, and still of an age when things like that meant something: he probably sang Marvin Gaye songs with his eyes closed when he was twenty-six. Now he knew that pop stars committing suicide were all grist to the mill, and the only consequence of Kurt Cobain's death as far as he was concerned was that *Nevermind* would sound a lot cooler. Ellie and Marcus weren't old enough to understand that, though. They would think it all meant something, and that worried him.

'Isn't he the singer Marcus liked?' Fiona asked him.

'Yeah.'

'Oh dear.'

Suddenly Will was fearful. He had never had any kind of intuition or empathy or connection in his life before, but he had it now. Typical, he thought, that it should be Marcus, rather than Rachel or someone who looked like Uma Thurman, who brought it on. 'I'm not being funny, but can I come in with you to listen to Marcus's answerphone message? I just want to hear that he's OK.'

(Nick Hornby: *About a Boy*, pp. 245f., reprinted by permission)

**I Language** (a&b = 1 credit each, c = 2 credits) 4 cr.

a) l. 12: 'Will wasn't surprised, particularly, ...' – Explain.

______________________________________________

b) ll. 17f. 'he probably sang Marvin Gaye songs...' – Rephrase the sentence.

______________________________________________

c) ll. 23f. 'and that worried him.' – Give two synonyms.

______________________________________________

**II Comprehension** (50-70 words each) 5 cr.

1. Where have Will and Fiona been and why is Marcus away? (3 credits)
2. What is being foreshadowed in this extract? (2 credits)

**III Comment** (150 words) 5 cr.

What does the extract reveal about the changes that Will and Marcus have undergone in the course of the novel? (to undergo = durchmachen/erleben)

© Ernst Klett Verlag GmbH, Stuttgart 2003: About a Boy Teacher's Guide ISBN 3-12-573834-2 

**CLASS TEST** **Name:** **Date:**

'It was Mrs Morrison's fault.'

'Her fault that you had to nip out? Or her fault that you had to skive?'

'She told me to keep out of their way again.'

'You're losing me, Marcus. Who is Mrs Morrison?'

'The head. You know they always say when I get in trouble that I should keep out of their way? She said that about the training shoe kids.' His voice rose an octave, and he started to speak more quickly. 'They followed me! How can I keep out of their way if they follow me?'

'OK, OK, keep your hair on. Did you tell her that?'

'Course I did. She just didn't take any notice.'

'Right. So you go home and tell your mum this. It's no good telling me. And you've got to tell her that you bunked off as well.'

'I'm not telling her that. She's got enough problems without me.'

'Marcus, you're already a problem.'

'Why can't you go and see her? Mrs Morrison?'

'You're joking. Why should she take any notice of me?'

'She would. She –'

'Marcus, listen. I'm not your father, or your uncle, or your stepfather, or anybody at all. I'm nothing to do with you. No headmistress is going to take any notice of what I say, and nor should she, either. You've got to stop thinking I know the answer to anything, because I don't.'

'You know about things. You knew about the trainers.'

'Yeah, and what a triumph they were. I mean, they were a source of endless happiness, weren't they? You'd have been in school this afternoon if I hadn't bought you the trainers.'

'And you knew about Kirk O'Bane.' [...]

'Kurt Cobain, you jerk. [...] Everybody knows about him.'

'I didn't.'

'No, you didn't. But you're different, Marcus.'

'And my mum wouldn't.'

'No, she wouldn't either.'

'You see, you know things. You can help'

It was then, for the first time, that Will saw the kind of help Marcus needed. Fiona had given him the idea that Marcus was after a father figure, someone to guide him gently towards male adulthood, but that wasn't it at all: Marcus needed help to be a kid, not an adult. And, unhappily for Will, that was exactly the kind of assistance he was qualified to provide.

Nick Hornby: *About a Boy*, pp. 146f., reprinted by permission

**I Language** (1 cr. each) 6 cr.

a) l. 11: 'keep your hair on' – Explain the phrase.

________________________________________

b) ll. 28f.: 'they were a source of endless happiness...' – Rephrase.

________________________________________

c) ll. 29f.: 'You'd have been in school this afternoon if I hadn't bought you the trainers.'
Explain the grammatical structure of this sentence.

________________________________________

c) l. 40: 'Marcus <u>was after</u> a father figure, someone to <u>guide</u> him <u>gently</u>'
Give synonyms for the three underlined words/expressions:

1.________________ 2.________________ 3.________________

**II Comprehension** (approx. 50 words and 3 credits each) 9 cr

1. '...*they* always say when I get in trouble that I should keep out of their way' – Who does Marcus mean by 'they'? What does it show about his life?
2. When Marcus tells Will that he got into trouble again with the children at his school, Will lets him know that he is 'different' (l. 34). Explain.
3. Why would Marcus have been in school 'this afternoon' if Will hadn't bought him the trainers (see l. 30)?

**III Comment** (approx. 120 words and 6 credits) 6 cr.

'And, unhappily for Will, that was exactly the kind of assistance he was qualified to provide' (ll. 42ff.) Explain and comment on this quotation – try to explain the meaning of *unhappily* here. (You may also refer to the title of the novel.)

 © Ernst Klett Verlag GmbH, Stuttgart 2003: About a Boy Teacher's Guide ISBN 3-12-573834-2